D1283597

5　6

PARIS

FROM ABOVE

Photography
Yann Arthus-Bertrand

Text
Gérard Gefen

H HACHETTE
Illustrated

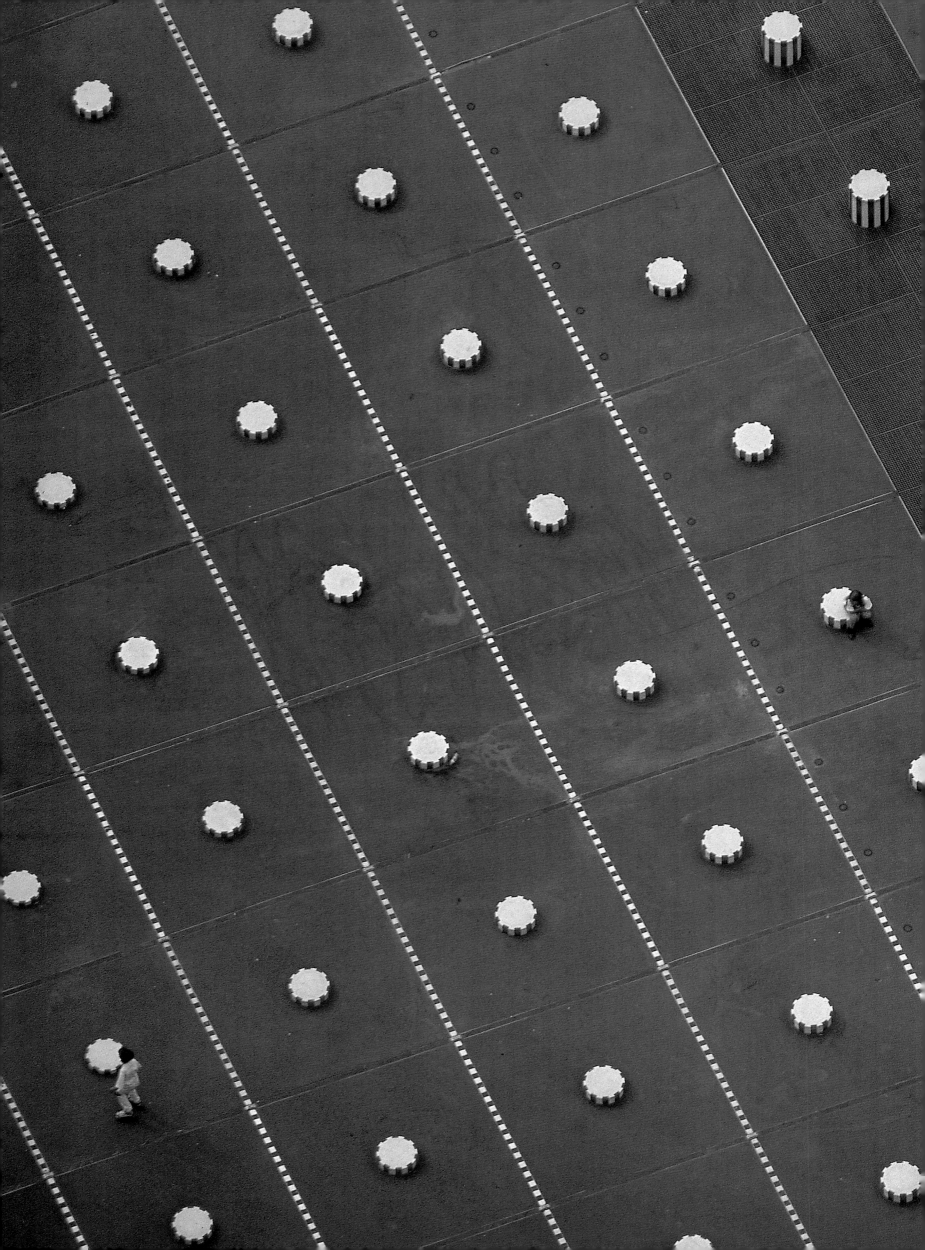

Rastignac, resté seul, fit quelques pas vers le haut du cimetiè-re et vit Paris tortueusement couché le long des deux rives de la Seine, où commençaient à briller les lumières. Ses yeux s'attachèrent presque avidement entre la colonne de la place Vendôme et le dôme des Invalides, là où vivait ce beau monde dans lequel il avait voulu pénétrer. Il lança sur cette ruche bourdonnante un regard qui semblait par avance en pomper le miel, et dit ces mots grandioses : "À nous deux maintenant !"

BALZAC, *Le Père Goriot*

PARIS, vu d'en haut, a toujours inspiré ses spectateurs. Depuis les tours de la vieille cathédrale, Louis-Sébastien Mercier, dans son *Tableau de Paris*, compte « les palais somptueux et les hôpitaux, les salles de spectacle et les maisons de force » non sans songer aux « suites effroyables qu'aurait un tremblement de terre ». Victor Hugo, du même endroit, consacre un long chapitre de *Notre-Dame de Paris* à l'histoire et à la description de la ville. *Les Misérables* lui offrent une nouvelle occasion de planer « à vol de hibou » au dessus de la capitale ; du ciel, il entend « gronder sourdement la sombre voix du peuple ». Car dominer la ville du regard ne permet pas seulement de découvrir le vaste assemblage de ses rues et de ses édifices, mais incite à réfléchir sur les grandes questions et les mots à majuscules – à la manière des normaliens des *Hommes de bonne volonté* de Jules Romains depuis leur perchoir, plus modeste, des toits de la rue d'Ulm…

Paris ne manque pas d'éminences. Aussi le titre d'Éverest lutécien est-il contesté. Selon certains, le point culminant de la capitale se situerait à Montmartre, à 129,75 mètres au-dessus du niveau de la mer – on admirera la précision. Selon d'autres, qui ont sans doute raison, les collines de Belleville, à 128 mètres, l'emportent sur la butte Montmartre, qui n'atteindrait que 127 mètres. En réalité, les hauteurs de Belleville et de Ménilmontant constituent un véritable massif montagneux au sommet duquel Claude Chappe installa, en 1792, son télégraphe optique – une plaque dans le petit cimetière, à la lisière des XIXe et XXe arrondissements, en rappelle le souvenir. Un peu plus à l'est, une terrasse, au dessus du nouveau parc de Belleville, offre une très belle vue sur Paris. Le « massif » bellevillois comportait autrefois quelques monts secondaires, comme la butte de Beauregard ou la butte de Chaumont, couronnés de nombreux moulins à vent. Exploitées intensivement pour la fabrication du plâtre, elles furent

THROUGHOUT the ages, Paris viewed from above has always been an inspiring sight. As far back as the end of the eighteenth century, Louis-Sébastien Mercier, the author of Tableau de Paris, *sought to record the spectacular vista over the rooftops, enumerating "the palaces and the poor houses, the theatres and the prisons" from the towers of the old cathedral ; and wondered at "the terrible consequences an earthquake might have" on the teeming streets below. In the 1830s, the same view inspired Victor Hugo when he devoted a long chapter of* Notre-Dame de Paris *to the description and the history of the city. Some thirty years later in* Les Misérables, *Hugo once again presented a hovering "bird's eye view" of the capital ; significantly, it was while taking this imaginary flight over Paris that the writer became aware of "the muffled angry voice of the people" below. For gazing down on the city is not only an opportunity to marvel at a vast labyrinth of streets and buildings, but also to reflect on philosophical questions and the meaning of human existence – as the students in Jules Romains's* Men of Good Will *did from their more modest look-out on the rooftops of the rue d'Ulm.*

There are many conflicting opinions about the best vantage points in Paris. Some maintain that the city's highest point is exactly 425.69 feet above sea level and situated in Montmartre, while a second school of thought is doubtless correct in insisting that the hills of Belleville, at 419.95 feet, are higher than Montmartre, which they claim is only 416.67 feet. In fact, the heights of Belleville and Ménilmontant form a kind of mountainous massif and were a natural choice for Claude Chappe when deciding on a site for his semaphore visual telegraph in 1792 – an event commemorated by a plaque in the small cemetery on the borders of the 19th and 20th arrondissements. A little further east, a beautiful view of the capital can be had from a terrace over the new parc de Belleville. In bygone days, the "massif" of the 19th and 20th arrondissements was crowned with secondary hills like the butte de Beauregard and the butte de Chaumont, which were dotted with numerous windmills. Quarried intensively for gypsum used in plaster production, these hills eventually caved in, causing a series of spectacular

Rastignac was left alone. He went a few paces further, to the highest point of the cemetery, and looked out over Paris and the windings of the Seine ; the lamps were beginning to shine on either side of the river. His eyes turned almost eagerly to the space between the column of the Place Vendôme and the cupola of the Invalides ; there lay the shining world he had wished to reach. He glanced over that humming hive, seeming to draw a foretaste of its honey, and said magniloquently : "Henceforth there is war between us."

BALZAC, *Old Goriot*

(*Translation : Peter Fenelon, Collier & Son, New York, 1900*)

mises à mal par des effondrements, souvent spectaculaires et meurtriers. La butte de Beauregard est aujourd'hui imperceptible, mais la butte de Chaumont y gagna un pluriel et une nouvelle destination. Devenue les Buttes-Chaumont, transformée par Haussmann en l'un des plus beaux parcs de Paris, il n'en subsiste qu'un monticule escarpé qui porte une copie du temple de la Sibylle de Tivoli. De ce perchoir le promeneur essoufflé peut, selon ses goûts, louer ou blâmer les récents aménagements du nord-est parisien.

Montmartre paraît d'une altitude supérieure. Mais l'ancien mont de Mars, ou des Martyrs, est beaucoup plus ramassé et, surtout, les 83 mètres du Sacré-Cœur, ignorés par les géographes et ajoutés par les dévots, trompent l'observateur. Du reste, le passé artistique et le charme des rues villageoises y attirent infiniment plus de monde que les pentes populaires et sans façon de Belleville ou de Ménilmontant. Les touristes se pressent pour regarder Paris du parvis de la basilique, près des bosses crayeuses d'où Rastignac jeta son défi.

La colline de Chaillot, troisième « haut lieu » de Paris par ordre d'altitude, reste sans doute la plus méconnue – à ce titre du moins. Les arasements qu'on ne cessa d'y pratiquer ont si considérablement adouci les pentes que leur hauteur n'est plus guère sensible. De la terrasse du Trocadéro, on jouit néanmoins d'un superbe coup d'œil sur l'alignement du pont d'Iéna, de la tour Eiffel, des jardins du Champ-de-Mars, de l'École militaire et de la tour Montparnasse. On y admire tous les jours les virtuoses du patin à roulettes et, le 14 Juillet, le grand feu d'artifice tiré de la rive opposée.

Une seule éminence parisienne a reçu la dénomination de montagne, la montagne Sainte-Geneviève, avec ses 57 mètres d'altitude rehaussés des 83 mètres du Panthéon. Non loin s'élevait autrefois une autre colline, le *Mons Cetardus*, qui dominait l'actuelle place d'Italie ; il n'en demeure que la dénomination, quelque peu déformée, d'une des voies

and often bloody accidents. Although virtually nothing remains of the butte de Beauregard, the butte de Chaumont has acquired a plural (it is now known as les Buttes-Chaumont) and a new purpose, following Baron Haussmann's transformation of the area into one of Paris's most beautiful parks. At its centre, a steep hillock sporting a copy of the Sibylline temple in Tivoli gives some idea of its original altitude and offers an excellent view. This vantage point provides an ideal platform from which the exhausted traveller can take stock of the recent development of the Parisian North-East.

Montmartre appears to be higher than Belleville ; in fact, the former is much more compact, but the enormous 272-foot wedding cake structure of the Sacré-Coeur Basilica creates the illusion of greater height. In any case, questions of altitude aside, the artistic past and the quaint village charm of the old Mons Martyrum have consistently attracted a much greater number of visitors than the unaffected proletarian streets of the north-eastern heights. Today crowds of tourists flock to the square in front of Sacré-Coeur to gaze down on the city, not far from the chalk mounds where Rastignac first announced his declaration of war on the capital.

Despite being the third most elevated point in Paris, the hill at Chaillot remains one of the least known of the capital's high places. Nonetheless, the Trocadéro terrace provides an excellent view, stretching from the pont d'Iéna across to the Eiffel Tower and the Champ-de-Mars, and beyond to the École militaire and the tour Montparnasse. It's also a rendezvous point for the capital's expert roller-skaters and an excellent site from which to see the annual 14 July fireworks display on the opposite bank of the Seine.

Only one Parisian hill currently bears the title of "mountain" : the 187-foot-high montagne Sainte-Geneviève, whose summit is home to the 272-foot structure of the Panthéon dominating the surrounding Latin Quarter. In recent years, however, only the building's maintenance staff have been able to enjoy this view which is, unfortunately, still off-limits to the public. Not far from the montagne Sainte-Geneviève, what is now the place d'Italie was once overlooked by a neighbouring hill, the Mons Cetardus, which has since been completely levelled.

les plus pittoresques de Paris, la rue Mouffetard. Un peu plus au sud subsistent les restes de la butte-aux-Cailles, qui atteignait encore 75 mètres au siècle dernier. Cette colline giboyeuse, comme l'indique son nom, offrait naguère un très agréable point de vue sur Paris. Parsemée de moulins, peu à peu couverte de cabanes et de masures, elle devint une sorte de « zone » diversement famée, avant que l'urbanisme y mette bon ordre sans, toutefois, la faire complètement disparaître.

D'autres hauteurs parisiennes n'eurent pas la chance de la butte-aux-Cailles : la butte Saint-Roch fut aplanie pour faire place à l'avenue qui conduit à l'Opéra de Garnier. Il ne reste plus trace de la butte de la Ville-Neuve (dite aussi des Moulins), sur le boulevard Bonne-Nouvelle, ni de la butte des Grésillons, près de l'église Saint-Augustin, ni de la butte des Rosiers (ou Saint-Guillaume), non loin de Saint-Germain-des-Prés. En revanche, de même que l'accumulation de gravats et de détritus donna à Rome une huitième colline, le Testaccio, certaines hauteurs parisiennes, aujourd'hui très perceptibles, sont en grande partie artificielles. Il en est ainsi de la plus célèbre de toutes, le Mont-Parnasse, dont on a oublié depuis longtemps le trait d'union.

À ces hauteurs plus ou moins naturelles, l'histoire en a ajouté, qui ne le doivent qu'aux hommes. La plupart sont bien connues et les panoramas qu'elles offrent attirent les touristes : la tour Eiffel, la plus haute (320,755 mètres très précisément, antennes comprises) et la plus fréquentée (170 millions de visiteurs depuis son édification en 1889 !), établie sur la plaine de Grenelle, le point le plus bas de Paris ; la tour Montparnasse, avec 200 mètres et 58 étages, la seule habitée ; les tours de Notre-Dame, à 63 mètres, les plus anciennes (début du XIIIe siècle) ; l'arc de triomphe de l'Étoile (50 mètres), qui occupe le sommet d'une autre éminence arasée, la colline du Roule. On en signalera trois autres, dont l'ascension reste interdite au public, mais dont on aimerait, en raison de leur situation privilégiée, apprécier le point de vue. La plus vénérable est la tour Saint-Jacques, en réalité le clocher d'une église disparue, Saint-Jacques-la-Boucherie (construite en 1522). Le sommet est actuellement occupé par un service de météorologie – un locataire assez légitime puisque Pascal y pratiqua des expériences sur le baromètre. Deux autres colonnes, fort hautes, sont de nature commémorative : celle de Juillet, à la Bastille (53 mètres), élevée à la mémoire des citoyens tués lors des Trois Glorieuses, et la colonne Vendôme (43 mètres), recouverte du bronze de 1 250 canons pris pendant les guerres de l'Empire.

Gravir ces pentes souvent fort raides, monter ces escaliers étroits fatiguaient les Parisiens, autrefois réputés indolents. Aussi le génie des inventeurs produisit-il des merveilles qui permettaient de contempler Paris sans s'essouffler. Pendant la Révolution, on exposa au Palais-Égalité (l'ancien Palais-Royal) une maquette de bois et de carton. Il n'y manquait rien, pas un dôme, pas une maison, pas un

Only its name has lived on, being taken up in a somewhat distorted form in the name of one of the most picturesque streets of the capital, the rue Mouffetard. A little further south, the butte-aux-Cailles or Quail hill fared considerably better, and its height was recorded as 264 feet as late as the last century. A rich hunting ground, as its name suggests, the windmill-dotted heights of the butte-aux-Cailles once provided a pleasant vantage point for a view over Paris. Little by little their rustic charm was eroded by the building of huts and other poorly constructed dwellings, and the hill became something of a slum, before urban development re-established order, though without completely flattening the landscape.

Édifiés en 1851 par Baltard, les pavillons des Halles, surnommés « Babylone de métal » par Émile Zola, furent démolis en 1969 quand le « ventre de Paris » déménagea à Rungis et fut lentement remplacé par le Forum (p. 22-23).

In the context of other ill-fated Parisian heights, the survival of the butte-aux-Cailles was something of an exception : the butte Saint-Roch was levelled to make way for the avenue leading to the Garnier opera house. Virtually no trace remains of the butte de Ville-Neuve (also known as Windmill hill), situated on the boulevard Bonne-Nouvelle ; of the butte des Grésillons, near the église Saint-Augustin ; or of the butte des Rosiers (also called Saint-Guillaume's Hill), not far from Saint-Germain-des-Prés. On the other hand, like the Monte Testaccio which grew to become the eighth hill in Rome, many notable Parisian high points are in fact man-made. Doubtless, the most famous of these is Mont-Parnasse, which is nowadays spelled without the hyphen.

détail, pas même les trains de bateaux sur la Seine, les tonneaux de vin sur les quais. Mieux encore, pour « faire un petit mensonge qui tournât au profit de notre sensibilité et de notre républicanisme », remarque Louis-Sébastien Mercier, l'artiste y représenta la Bastille, qu'on venait pourtant de démolir. Au XIXᵉ siècle, ce fut la vogue – la furie, dit Balzac – des *panoramas*. On n'y figurait du reste pas seulement la ville, mais toutes sortes de scènes, guerrières ou exotiques. En fait, on trouvait depuis longtemps de superbes plans cavaliers, depuis celui de Truchet (1551) jusqu'au plus célèbre, celui dit de Turgot

Built in 1851 by Baltard, the pavilions of the Halles, wich Émile Zola nicknamed "Metal Babylon" were demolished in 1969 when the "stomach of Paris" was moved to Rungis, slowly to be replaced by the Forum (see p. 22-23).

(1734-1739), qui donnaient l'illusion d'admirer Paris vu du ciel. Restait à voir vraiment Paris du haut du ciel. Le premier qui en fit la tentative se nommait Jean-François Boyuin de Benneto, marquis de Bacqueville. En 1742, il se lança de la terrasse de son hôtel du quai des Théatins – l'actuel quai Voltaire. Avec ses bras et ses jambes, il agitait quatre grands panneaux de forme ovale. Il parcourut ainsi quelque deux cents mètres avant de tomber sur un bateau-lavoir et de se briser une jambe. On n'insistera pas sur la longue et souvent funèbre suite de ceux qui voulurent voler de leurs propres ailes au-dessus de la capitale. Un peu moins d'un demi-siècle après le marquis de Bacqueville, deux équipes se disputèrent la gloire de survoler Paris pour la pre-

Over the centuries, a number of churches, monuments and latterly skyscrapers have come to dwarf the natural heights of the Parisian landscape. Most of these are well known and their views over the city are major tourist attractions. Built at the capital's lowest point and measuring in at an impressive 1,052.34 feet, the Eiffel Tower is by far the highest of them all. It's also the most popular, drawing in 170 million visitors since it was opened to the public in 1889. A little further south, the 58-storey tour Montparnasse has the distinction of being the only office building to house a business selling views of the capital. Dating from the early 13th century, the 207-foot towers of Notre-Dame Cathedral are among the oldest of the city's high points, whilst the vista from the 164-foot-high Arc de Triomphe is enhanced by the arch's site on another of Paris's levelled hills : the Colline du Roule. Although they are not open to the public, three further Parisian landmarks are well worth mentioning for their historic views of the capital. The most venerable of the three, the tour Saint-Jacques, was originally the steeple of the church of Saint-Jacques-la-Boucherie (the patron saint of butchers), which is now no longer extant. The top of the tower is currently occupied by a weather station ; this tenancy has an illustrious precedent since the seventeenth-century philosopher and physicist Blaise Pascal used the tower to conduct experiments on his mercury barometer. Two of the city's commemorative columns also merit a place on any tour of Parisian vantage points : the 174-foot July Column at place de la Bastille, dedicated to the memory of citizens who lost their lives during the 1830 July Revolution ; and the 141-foot Vendôme Column, which is faced with the bronze from Russian and Austrian canons captured during the Napoleonic wars.

Toiling up steep hills and narrow staircases was considered something of a chore by Parisians who were reputed for their indolent ways, and inventors were quick to see an opening for a number of marvellous devices which offered the public the joys of an exertion-free view of the capital. During the French Revolution, the Palais de l'Égalité (now the Palais-Royal) exhibited an extraordinary wood and cardboard model of the city. Without so much as a dome or a house missing, it was complete in every detail, right down to the trains of barges on the Seine and the barrels of wine unloaded on the quays. Even more remarkable, the sole inaccuracy of the piece proved to be the inclusion of a feature which had disappeared from the city : In what Louis-Sébastien Mercier called "a discreet lie designed to stimulate our powers of observation and our republican spirit", the recently demolished Bastille was represented intact. In the nineteenth century, enthusiasm for vistas of the capital reached new heights with the fashion, or as Balzac put it, "the rage", for panoramas. Used not only to show cities but also all kinds of exotic and military scenes, panoramas did much to perpetuate a tradition of depicting what appeared to be aerial views of Paris, which had begun with the Truchet (1551) and Turgot (1734-1739) city maps.

The history of genuine aerial views of Paris extends back to 1742, when in an attempt to take to the skies over the city, the elaborately named Marquis of Bacqueville, Jean-François Boyuin de Benneto, launched himself from the terrace roof of his house on the quai Théatins — now the quai Voltaire. Beating four large oval panels attached to his arms and legs, he managed to cover 656 feet before falling heavily onto the roof of a riverside laundry and breaking his leg.

mière fois — et celle, plus universelle, de la première ascension aéro-statique. L'une était composée de Pilâtre de Rozier et du marquis d'Arlandes, sur un ballon à air chaud du type de celui que les frères de Montgolfier avaient déjà fait voler, sans équipage, l'année précédente ; l'autre, formée par le physicien Jacques Charles et Noël Robert, à bord d'un ballon gonflé à l'hydrogène. Le 21 novembre 1783, à 13 h 54, la « mongolfière » s'éleva au-dessus du château de la Muette, près de l'actuel bois de Boulogne, monta jusqu'à 3 000 pieds, traversa la Seine et, moins d'une demi-heure plus tard, se posa entre deux moulins de la butte-aux-Cailles. Dix jours plus tard, le 1er décembre, Charles et Robert, dans un ballon beaucoup plus perfectionné, partaient des Tuileries. Dirigés par un vent de sud-est (assez peu fréquent à Paris), ils parcoururent une quarantaine de kilomètres et atterrirent près de L'Isle-Adam, dans le Val-d'Oise. « Jamais les sciences n'ont offert un spectacle aussi majestueux », écrivit Le Journal de Paris.

En fait, incapable de se mouvoir en dehors du lit du vent, le ballon demeura longtemps un simple objet de « spectacle », sans utilité sociale ni même militaire. « Il ne s'agit plus de planer dans les airs, mais d'y naviguer, écrivait en 1863 un certain Jules Verne... Prenons pour devise la devise de Nadar ! Et vive l'hélicoptère ! »

Le personnage auquel faisait allusion Jules Verne (qui, la même année, venait de terminer Cinq semaines en ballon) était un roman à lui seul. Né en 1820 à Lyon, Félix Tournachon — pour lui donner sa véritable identité — avait commencé comme feuilletoniste et chroniqueur dans les petits journaux. Il appartint à la bohème parisienne qui se réunissait autour de Murger, Baudelaire et Banville, avant de devenir l'ami de Balzac, de Dumas, de Gautier, de Nerval et de Victor Hugo. Surnommé par plaisanterie Tournadar, puis Nadar, il signa désormais de ce nom ses articles, mais aussi des dessins et des caricatures qui lui valurent un grand succès. Au début des années 1850, Nadar fondait son atelier, véritable entreprise qui se proposait, notamment, de publier le « Panthéon », encyclopédie des portraits des grands hommes de son temps.

Nadar allait bientôt succomber à deux nouvelles passions : celle de la photographie et celle de l'aéronautique. À partir de 1854, toutes les célébrités françaises du siècle défilèrent dans le « studio » de Nadar, 113, rue Saint-Lazare puis 35, boulevard des Capucines — dont Nadar prêta les locaux, en 1874, pour la première exposition des impressionnistes. Vers la même époque, Nadar s'enthousiasma pour l'aventure aérienne. Très conscient des limites des possibilités du ballon, il n'en voyait le développement que dans l' « hélicoptère », néologisme qui désignait alors tout aéronef capable de s'élever dans les airs et de se mouvoir par ses propres moyens. Pour financer ses recherches, il n'en construisit pas moins un énorme ballon, Le Géant, qui offrait aux curieux la possibilité d'admirer Paris.

This ill-fated escapade was to set a precedent for many other often tragic experiments with man-powered flight over the capital.

Some fifty years later, two teams were still vying for the glory of being first to fly over Paris — and also the more universal achievement of making the world's first balloon flight. Using a hot-air balloon of a type developed by the Montgolfier brothers, Jean-François Pilâtre de Rozier and François Laurent, Marquis d'Arlandes, had already successfully tested their craft in an unmanned flight a year earlier. Pitted against them, physicist Jacques Charles and Noël Robert

Félix Nadar à bord de son ballon, *Le Géant*. *Félix Nadar on board* Le Géant

had developed an alternative hydrogen-filled balloon. On 21 November 1783, at precisely 13.54 p.m., Rozier and Laurent took off in their Montgolfière from near the château de la Muette, not far from today's bois de Boulogne, climbed to a height of 3,000 feet, crossed the Seine and, less than a half-hour later, landed between two windmills on the butte-aux-Cailles. They had covered 4.96 miles, mainly passing to the south of old Paris, not that this detracted from the pleasure they took in the view. Ten days later, on 1 December, Charles and Robert launched their rather more sophisticated craft from the Tuileries Gardens and, borne by a south-easterly wind (which is relatively infrequent in Paris), flew for about 24.8 miles before landing near L'Isle-Adam. "Never has science provided such a majestic spectacle," reported Le Journal de Paris. Nonetheless, drifting on the wind and unable to follow an independent course,

Le Géant connut bien des malheurs et l'entreprise ne se révéla pas rentable. Inévitablement, toutefois, les deux activités de Nadar, la photographie et l'aéronautique, étaient appelées à se rejoindre. Les premières expériences furent décevantes, mais, vers 1858 (la date exacte est controversée), Nadar réussissait les premières photographies aériennes de l'histoire depuis un ballon captif amarré sur un hippodrome alors situé entre la porte Dauphine et la porte Maillot. L'un des moindres attraits de ce premier Paris « vu du ciel » n'est pas de

L''Étoile, par Nadar, depuis un ballon captif à 500 mètres d'altitude. Première photographie aérienne jamais publiée (1868). *Taken by Nadar from an anchored hot air balloon, 1640 feet above l'Étoile, this is the first aerial photographs ever to be published.*

nous montrer les vastes friches qui s'étendaient encore le long de l'avenue Foch (alors avenue de l'Impératrice) où, bientôt, les puissants de ce monde remplaceraient les hérissons et les lapins.

L'« Hélicoptère » de Jules Verne et de Nadar a perdu aujourd'hui sa majuscule et le Paris de Yann Arthus-Bertrand s'est garni de tours de métal, de béton et de verre qui tentent d'en « gratter » le ciel. Mais l'hélicoptère est le plus fort : comme Fantômas ou Batman, il va où il veut, s'arrête quand il veut, regarde ce qu'il lui plaît, met en scène les grandes perspectives, retient le détail insolite, révèle les mille couleurs de la ville. Pour reprendre la savoureuse légende d'un dessin de Daumier, il élève la photographie à la hauteur d'un art.

GÉRARD GEFEN

balloons remained simple fairground attractions for a long time, devoid of any civil or military utility. In 1863, Jules Verne wrote, "There is no longer any point in merely floating across the skies, we must have machines that can navigate… Let us join forces in backing Nadar ! And vive l'Hélicoptère !"

A larger than life figure of the period, Nadar — or Gaspard Félix Tournachon, to give him his real name — had recently finished a book entitled Five Weeks in a Balloon. *Born in Lyon in 1820, he began his professional life writing columns and serial stories for minor newspapers. Moving to Paris in 1842, he became a noted member of the bohemian society which gravitated around Henri Murger, Baudelaire and Théodore de Banville and eventually befriended such literary notables as Balzac, Dumas, Gautier, Nerval and Victor Hugo. With his nickname, "Nadar," as a by-line, he built up a considerable reputation for his articles, drawings and caricatures. So much so, that by the early 1850s, he was able to set up a business in his own studio, where he proposed, among other projects, to publish the Panthéon Nadar, two gigantic lithographs portraying the great men of his time.*

Nadar was soon to fall prey to new passions : the budding art of photography and aeronautics. From 1854, all the celebrities of the period had their pictures taken by Nadar. His studio, originally located at 113, rue Saint-Lazare, was moved to 35, boulevard des Capucines to cope with increased business, and it was this address that he lent to the painters of the Impressionist movement for their controversial first exhibition in 1874. Around the same time, Nadar became fascinated by the possibilities afforded by the development of aerial navigation. Conscious of the inherent limitations of balloons, he insisted that the way forward lay with the Hélicoptère, a term which at the time was taken to mean any craft capable of staying aloft and manoeuvring under its own power. Nonetheless, to finance his research, he built Le Géant, an enormous balloon, which was to provide airborne tours of major cities.

Le Géant was not a success and the business proved to be unprofitable. Inevitably, however, Nadar had set about combining his twin interests of photography and aeronautics. The results of these initial attempts proved disappointing, but towards 1858 (there is some controversy over the exact date), Nadar succeeded in taking the first aerial photographs in history from a balloon anchored at a racecourse on the west side of the city between the porte Dauphine and the porte Maillot. One of the many attractions of this first Paris From the Air is that it shows the rustic charm of parts of the city which have since been built up, in particular the large areas of fallow land bordering the avenue Foch (then known as the avenue de l'Impératrice), soon to be covered with some of the world's most expensive real estate.

Today, huge structures of glass, steel, and concrete have come to dominate the Parisian skyline, and the Hélicoptère which so inspired Nadar and Jules Verne is now a reality. They would have been enchanted to see their dream take flight: manoeuvring over the capital to enable Arthus-Bertrand to capture the colours and details of the crowded streets below. To quote a caption from a Daumier lithograph of the 1850s, the helicopter "has raised photography to the height of art."

G. G.

Ier • IIe • IIIe • IVe
arrondissements

Le vieux Paris.

On trouve ailleurs, à Paris, nombre d'édifices et de monuments anciens. Mais nulle part ceux-

There are many historic landmarks elsewhere in Paris, but there is no gainsaying the remarkable concentration of ancient buildings

ci ne sont aussi nombreux et aussi anciens que dans ces quatre arrondissements dont l'ensemble occupe tout juste 5 % de la

and monuments in these four arrondissements which, taken together, occupy just five percent of the total area of the capital. This is where

superficie totale de la capitale. C'est ici que la ville prit naissance, sur une île au croisement des deux grandes voies immé-

the city was born, on an island at the junction of two ancient trade routes leading from south to north and from east to west. This was

moriales qui conduisaient du sud au nord et de l'ouest à l'est, Les Templiers y eurent leur siège ; on y édifia la cathédrale, la

the site for the first city hall and the first cathedral, and it was from here that the city spread to the right bank to encompass the

« maison commune » de la ville et d'admirables chefs-d'œuvre de l'architecture civile ou religieuse de la renaissance et du

fortified monastery of the Templars and the terrain where many masterpieces of classical and Renaissance architecture were to be built.

classicisme. L'usure due au temps et le vandalisme des hommes n'ont pas épargné ce « vieux Paris », sans parvenir vraiment

Despite the ravages of time and innumerable wars and revolutions, old Paris has survived, and in recent years, projects like the Pompidou

à le défigurer. Dans les dernières décennies, au contraire, le Centre Pompidou, le nouveau quartier des halles, la réhabili-

Centre and the redevelopment of Les Halles and the Marais have brought a new vitality to the area. **Old Paris**

tation du Marais — quelque jugement qu'on porte sur leur esthétique — lui ont redonné jeunesse et vitalité.

• ÎLE DE LA CITÉ, ÎLE SAINT-LOUIS

10 LA CATHÉDRALE NOTRE-DAME [C5]. Contrairement à ce qu'on pourrait croire, l'église métropolitaine de la capitale n'est que la deuxième par ordre d'ancienneté : c'est à Saint-Pierre de Montmartre que revient le premier rang. Notre-Dame occupe le site de deux églises édifiées entre le IVᵉ et le Vᵉ siècles, sur l'emplacement d'un temple romain dédié à Jupiter. La première pierre fut posée en 1133 mais l'édifice (on ignore le nom de l'architecte) ne fut achevé qu'en 1330. Il fut restauré sous Napoléon III par Viollet-le-Duc. On déplorera que le parvis ait été entièrement dégagé des vieilles maisons qui se pressaient contre l'édifice, mais il faut reconnaître qu'il permet une vue d'ensemble de la façade autrefois impossible. *NOTRE-DAME CATHEDRAL [C5]. Despite what may be popularly believed, the capital's best-known place of worship is not the city's oldest church. It is second in order of age after the Église Saint-Pierre de Montmartre. Notre-Dame occupies the site of two earlier churches, built between the fourth and fifth centuries, which were themselves predated by a Roman temple dedicated to Jupiter. The foundation stone was laid in 1163, but the building was not completed until 1330. During nineteenth-century renovations undertaken by the architect Viollet-le-Duc, an area of old houses in front of the cathedral was knocked down. Doubtless this should have been deplored as an act of vandalism ; however the square, as it is today, does allow for an overall view of the facade which had hitherto not been possible.* **12** L'ÎLE DE LA CITÉ [C5, C6]. Berceau de Paris, elle est aujourd'hui beaucoup plus grande qu'à l'origine. Elle s'est accrue de terrains conquis sur le fleuve et de trois îlots au niveau et en aval du pont-Neuf : l'île des Juifs, l'île aux Vaches et l'îlot de la Gourdaine. L'île Saint-Louis fut au contraire coupée en deux par un canal, aujourd'hui comblé. Enfin, un peu en amont de l'île Saint-Louis, se trouvait une autre île, l'île Louviers, réunie à la terre ferme en 1841 par le comblement de l'actuel boulevard Morland. *THE ÎLE DE LA CITÉ [C5, C6]. The island birthplace of the city is much bigger today than it was 2,000 years ago. It was enlarged with terrain taken from the river, and its western end has been extended to cover three other islands: the Île des Juifs, the Île aux Vaches and the Îlot de la Gourdaine. The neighbouring Île Saint-Louis was originally two mudbanks which were joined together by a seventeenth-century developer. Upstream of the Île Saint-Louis, a further island, the Île Louviers, was absorbed by the right bank in 1841.* **15** LA SAINTE-CHAPELLE [C5, C6]. Saint Louis fit construire la Sainte-Chapelle (achevée en 1248) pour abriter des reliques. Elle est enserrée dans le vaste ensemble d'édifices du palais de Justice. En dépit des tribulations qu'une histoire agitée lui fit subir, on y admire encore la plus grande partie des superbes vitraux originels. *THE SAINTE-CHAPELLE [C5, C6]. Commissioned by Saint Louis to housse a collection of relics, the Sainte-Chapelle was completed in 1248. Today it is surrounded by the vast complex of buldings which make up the Palais de Justice. Despite the many wars and revolutions which have shaken the capital since the thirteenth century, most of the chapel's superb stained glass windows have survived intact.* **16** LA PLACE DES VOSGES [C6]. À l'emplacement de la place des Vosges se trouvait la Maison royale des Tournelles, que Catherine de' Medici fit détruire en 1563 après la mort en tournoi de son mari Henri II. L'endroit devint ensuite un marché aux chevaux avant que Henri IV, puis Louis XIII, n'y fissent construire l'ensemble actuel, composé de 36 pavillons (9 par côté), reposant sur des arcades. La place devint dès lors l'une des résidences les plus recherchées de Paris. Parmi les célébrités qui y habitèrent, on citera plus particulièrement Victor Hugo, au numéro 6, de 1832 à 1848. L'appartement est aujourd'hui un musée qui présente, entre autres, de nombreux dessins du poète. Dénommée place Royale jusqu'en 1800, elle prit alors le nom de place des Vosges, pour récompenser le département des Vosges, le premier à s'être acquitté complètement de ses impôts. *THE PLACE DES VOSGES [C6]. Originally the Maison royale des Tournelles (royal tournament enclosure), demolished in 1563 by Catherine de' Medici after her husband Henri II was fatally wounded in a joust, the site was used as a horse market before work on the current place des Vosges was begun under Henri IV. Completed during the reign of Louis XIII, the thirty-six houses (nine on each side of the square), with their imposing arcades, quickly became some of the most sought-after property in the capital. Over the years, the square has been home to many celebrities, in particular Victor Hugo, who lived at number six between 1832 and 1848. His apartment, now a museum, houses a large collection of his drawings. Known as the place Royale until 1800, it was renamed the place des Vosges in honour of the Vosges region, which was the first to resume full payment of taxes after the Reign of Terror.* **18** LES ARCHIVES NATIONALES [C6]. Depuis le début du XIXᵉ siècle, les Archives nationales occupent les beaux hôtels de Soubise et de Rohan, ainsi que plusieurs autres hôtels voisins. Les documents conservés remontent jusqu'au VIᵉ siècle et la longueur totale des rayonnages atteint près de 250 kilomètres. *THE NATIONAL ARCHIVES [C6]. Since the beginning of the nineteenth century, the hôtel Soubise and the hôtel Rohan, as well as many neighbouring buildings, have housed the extensive collection of documents, dating back to the sixth century, and the 150 miles of shelves which make up the Archives nationales.* **22** LE FORUM DES HALLES [C6]. Après la translation des Halles à Rungis en 1969, le centre commercial du Forum des Halles a pris la place des beaux pavillons de Baltard, malencontreusement abattus. *THE FORUM DES HALLES [C6]. Today's Forum des Halles shopping complex replaced the much-admired market buildings by Victor Baltard which were demolished in the 1970s shortly after the Les Halles market was moved to its current location in Rungis.* **26** LA BOURSE [C6]. La construction de la Bourse des valeurs (souvent appelée palais Brongniart, du nom de l'architecte) prit une vingtaine d'années, de 1808 à 1827... faute d'argent. Les transactions étant désormais informatisées, ce temple périptère (24 colonnes sur les façades, 40 sur les côtés) a beaucoup perdu de son animation. *THE STOCK EXCHANGE [C6]. Beset by delays caused by financial difficulties, the Stock Exchange (often called the Palais Brongniart in reference to the buildings architect, A-. T-. Brongniart) was completed over a period of almost twenty years between 1808 and 1827. It was styled after a classical temple with twenty four columns on the front and rear facades and forty on each side. Much*

of the characteristic hustle and bustle of trading in the interior of the building was lost with the introduction of computerized trading in the 1980's.

28 LE PALAIS-ROYAL [C5]. Construit par le cardinal de Richelieu puis résidence des Orléans, le Palais-Royal fut, au XVIIIᵉ siècle, le centre où le Tout-Paris se rencontrait pour converser, jouer ou se dissiper de diverses manières. Il constitue aujourd'hui un îlot de silence où habitèrent, entre autres, Colette et Jean Cocteau. Les colonnes de Buren, installées en 1984, suscitèrent d'ardentes controverses en raison de leur esthétique minimaliste. Elles ont, en tout état de cause, le mérite de remplacer le parking qui occupait naguère cet emplacement. *THE PALAIS-ROYAL [C5]. Built by Cardinal Richelieu and later home to the Orléans family, the Palais-Royal was a centre in the eighteenth century, where Parisian society came to converse, to play and to idle. In more recent times, its peaceful atmosphere has attracted well to do and prestigious residents, notably, Colette and Jean Cocteau. The minimalist aesthetic of the Buren columns, which date from 1984, has been the cause of a great deal of controversy, though there is no denying that they represent a marked improvement on the car park which previously occupied the site.*

30 LE LOUVRE, LA PYRAMIDE [C5]. Les divers édifices qui occupent une douzaine d'hectares (encore manque-t-il le palais des Tuileries qui le fermait à l'ouest) nous semblent aujourd'hui remarquablement homogènes. Pourtant, sans parler des vestiges du Louvre de Philippe Auguste (fin du XIIᵉ siècle), leur construction s'étale de François Iᵉʳ à nos jours. Depuis quatre siècles, presque tous les souverains, presque tous les régimes y ont ajouté des éléments, dont le plus récent est la Pyramide de verre de Peï. *THE LOUVRE AND THE PYRAMID [C5]. Despite their apparently homogenous appearance, the different buildings which constitute today's Louvre were in fact built over a period of four hundred years. Following the demolition of a twelfth-century castle built by Philippe Auguste, work began on what is now the south-western corner of the Cour Carrée during the reign of François 1ᵉʳ. Since then, virtually every ruler and every regime has left its mark on the Louvre.*

36 RIVE DROITE, RIVE GAUCHE [C5]. Cette vue de Paris se présente selon un axe presque exactement nord-sud, de la rive droite vers la rive gauche. On remarque au premier plan le Centre Beaubourg et, un peu à droite, le Forum des Halles. Au milieu, l'île de la Cité. Plus loin, les jardins du Luxembourg et la tour Montparnasse. *RIGHT BANK, LEFT BANK [C5]. Looking directly south from the right (north) bank, this view features landmarks on both sides of the Seine, stretching from the Pompidou Centre and the Forum des Halles in the foreground, to the city's historic centre on the Île de la Cité with the "right bank" Luxembourg Gardens and the Montparnasse Tower in the background.*

38 LA PLACE DES VICTOIRES [C5]. De la même époque et du même architecte (Mansart) que la place Vendôme, la place des Victoires en était le pendant. Une rue – qui ne fut jamais ouverte – devait du reste les relier. Longtemps maltraitée par le temps et les hommes, elle fait aujourd'hui l'objet d'une réhabilitation. *THE PLACE DES VICTOIRES [C5]. Dating from the same period and laid out by the same architect, the place des Victoires is a counterpart to the place Vendôme; a plan featuring a new street which was to be a direct link between them was never carried out. After many years of neglect, the renovation of the Place des Victoires is now underway.*

40 LA PLACE VENDÔME [B5]. Décidée par Louis XIV et dessinée par Mansart, la place Vendôme fut construite en 1699. Ce centre du grand luxe parisien, qui donne d'un côté sur la rue de la Paix et conduit de l'autre à la rue Saint-Honoré, fut, dès l'origine, habitée par de riches financiers. Avant qu'on y installe la colonne en 1806, le centre de la place était occupé par une énorme statue équestre du Roi-Soleil, détruite en 1792. *THE PLACE VENDÔME [B5]. Designed by Mansart on orders from Louis XIV, the place Vendôme was built in 1699. Attracted by its grandeur and prestigious location between the rue Saint-Honoré and the rue de la Paix, the square became an address of choice for rich financiers as soon as it was completed. Before the erection of the central column in 1806, its main feature was a statue of the Sun King, which was destroyed in 1792.*

LA TOUR SAINT-JACQUES [C6]. C'est de l'église Saint-Jacques-de-la-Boucherie, dont cette tour était le clocher, que les pèlerins parisiens partaient pour Compostelle. Après la destruction de l'église, la tour servit de 1797 à 1853 à la fabrication de plombs de chasse : d'en haut, on versait le métal en fusion à travers une grille et on recueillait les plombs dans des cuves d'eau installées au pied de la tour ! *THE TOUR SAINT-JACQUES [C6]. The Tour Saint-Jacques is all that remains of the Église Saint-Jacques-de-la-Boucherie, where Parisian pilgrims assembled before setting out for Saint James of Compostela. After the church was torn down, the tower was used for making buckshot between 1797 and 1853: in the manufacturing process, drops of molten metal were let fall from the top of the tower before being caught in tanks of water at ground level.*

L'église Saint-Eustache [C6]. Saint-Eustache est la plus importante église de Paris avec Notre-Dame, dont elle constitue le pendant dans le style de la Renaissance. Plusieurs églises se succédèrent à cet emplacement depuis le VIIe siècle. François Ier en posa la première pierre en 1532, mais Saint-Eustache ne fut achevée qu'au milieu du XVIIe siècle. L'orgue est un des plus beaux, sinon le plus beau, de Paris. ***The Saint-Eustache church*** [C6]. *A Renaissance version of Notre-Dame Cathedral which it rivals in size, the Église Saint-Eustache is one of the largest churches in the capital. Work started on its site, which had been occupied by churches since the seventh century, when François Ier laid the foundation stone in 1532, but the building was not finished until the middle of the seventeenth century. Noted for its excellent acoustics, it houses one of the finest organs in Paris. Much of the area around the church was redeveloped to create the modern Forum des Halles.*

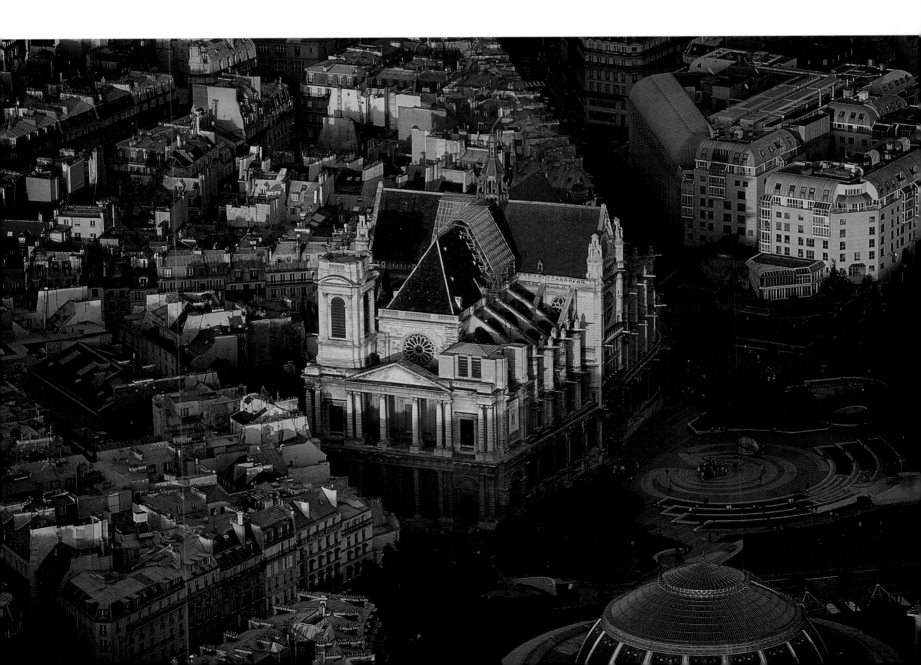

LA PLACE RENÉ-CASSIN [C6]**.** Sur le côté sud de Saint-Eustache, en face du portail Renaissance de l'église, la place René-Cassin est devenue un lieu de rendez-vous commode. Elle ouvre en effet à la fois sur le dessus et sur le dessous du nouveau Forum des Halles. Au niveau du sol, elle donne sur les 4,4 hectares de verdure du jardin des Halles, dont les allées portent des noms de poètes, et offre aussi un accès aux profondeurs du Forum – écho souterrain de Saint-Eustache, selon l'un des architectes – où l'on trouve, selon ses goûts, salle de concerts, piscine, cafés, restaurants, cinémas et boutiques de toutes sortes. *THE PLACE RÉNÉ-CASSIN* [C6]. *The Renaissance doorway on the south side of the Église Saint-Eustache opens on to this convenient meeting place, which provides access to the surface and subterranean levels of the Les Halles complex; the landscaped ground level is covered by an 11-acre park criss-crossed by paths named after famous poets, while the vaults of the Forum des Halles - an underground counterpart to the interior of Saint-Eustache, according to one of its architects - feature cinemas, a concert hall, restaurants, cafés, all manner of shops and a swimming pool.*

LA BOURSE DU COMMERCE [C6]**.** La forme circulaire de la Bourse du commerce, où se débattent les prix des matières premières, est celle de l'ancienne Halle aux blés, construite dans les années 1760, dont elle conserve la coupole et la structure. Cette dernière occupait elle-même l'hôtel de Soissons, habité par Catherine de Médicis ; il en subsiste une colonne d'usage mystérieux, dite « colonne astrologique ». *THE BOURSE DU COMMERCE [C6]. The Bourse du commerce (the raw materials market) inherited its dome and circular structure from the Halle aux Blés (grain market), built in 1760. A feature of its interior, a mysterious column known as "the astrological column", dates back to an earlier building, the Hôtel Soissons, which belonged to Catherine de' Medici.*

Ci-dessus : **L'ARC DU CARROUSEL** [C5]**.** L'arc de triomphe du Carrousel constituait l'entrée d'honneur du palais des Tuileries, incendié en 1871 lors de la Commune. Construit en 1806, à l'imitation de l'antique, pour célébrer les victoires de l'Empereur, il était surmonté d'un char traîné par les quatre chevaux de bronze de Saint-Marc de Venise, enlevés par Napoléon et restitués après Waterloo. Le groupe fut reconstitué en 1828 par Bosio mais, à la place de Napoléon, c'est une allégorie de la Restauration qui conduit le quadrige. ***THE PLACE DU CARROUSEL*** *[C5].* *The arc de triomphe duCarrousel was the main gateway to the Tuileries Palace, which was burnt down in 1871 during the Commune. Built in 1806 to celebrate Napoleon's victories, this imitation of a classical triumphal arch was originally used as a support for a sculpture of a chariot drawn by four horses which had been stolen from Saint Mark's in Venice and which the Emperor was obliged to give back after the battle of Waterloo. In 1828, this was replaced with a similar work by Bosio where an allegory of the Restoration drives the horses instead of Napoleon.* *Ci-contre en haut :* **LES TUILERIES, LE JEU DE PAUME** [C5]. Le Grand Louvre, auquel on peut rattacher le jardin des Tuileries et les pavillons de l'Orangerie et du Jeu de Paume, constitue aujourd'hui le plus vaste ensemble de musées au monde. ***THE TUILERIES, THE JEU DE PAUME MUSEUM*** *[C5].* *The "Grand Louvre" complex, which includes the Jardin des Tuileries and the Orangerie as well as the Jeu de Paume, is now the largest complex of museums in the world.* *Ci-contre :* **LA PYRAMIDE** [C5]**.** La Pyramide de verre de Ieoh Ming Pei (1989) a des proportions semblables à celles de la pyramide de Gizeh. ***THE PYRAMID*** *[C5].* *The most recent addition is the glass pyramid designed by Ieoh Ming Pei (1989), which is said to replicate the proportions of one of the pyramids at Giza.*

Ci-contre : LE CENTRE POMPIDOU [C6]. Plus encore que son architecture, l'emplacement du Centre Pompidou reste contesté. Le bâtiment tranche en effet, par sa modernité, sur les vénérables édifices du Vieux Paris dont il est le voisin immédiat. *THE CENTRE POMPIDOU [C6]. Situated in the heart of old Paris, its location is even more controversial than its architecture. This photograph shows the marked contrast between its modern design and the surrounding buildings.* **Ci-dessus :** L'HÔTEL DE VILLE [C6]. La municipalité de Paris siège depuis 1357 sur cet emplacement, théâtre de quelques-uns des épisodes les plus importants de l'histoire de France. L'actuel Hôtel de Ville (1873-1883) est une reconstitution assez fidèle de l'édifice incendié par la Commune en 1871. *THE TOWN HALL [C6]. Built on a site which has been occupied by the seat of local government since 1357, the current Hôtel de Ville, completed between 1873 and 1883, is a fairly accurate reconstruction of a building burnt down during the Paris Commune of 1871.*

Vᵉ • VIᵉ • VIIᵉ • XIIIᵉ • XIVᵉ • XVᵉ
a r r o n d i s s e m e n t s

La rive gauche de la Seine comprend des quartiers d'ancienneté et de caractère très différents, qu'il s'agis-

The quartiers of the left bank of the Seine are characterized by enormous differences in terms of age and atmosphere : from the bustling — and occa-

se de l'animation — et parfois de l'agitation — du Quartier latin ou de la sérénité du « Septième » avec ses rues bordées

sionally frenetic — Quartier Latin to the quiet streets of the 7th arrondissement, where embassies and goverment ministries now occupy many of the

d'hôtels et de jardins secrets où ministères et ambassades ont remplacé les duchesses, du Chinatown autour de la place

mansions which once belonged to the Parisian aristocracy; from Chinatown which surrounds the Place d'Italie to the artists' studios of Montparnasse.

d'Italie ou de Montparnasse et de ses ateliers d'artistes. Il existe néanmoins une identité « Rive gauche », ne serait-ce que

Nonetheless, the Left Bank does have a definite identity : it is the seat of legislative power, with both the Sénat and the Assemblée Nationale, and also of

par opposition à « Rive droite ». Ici siège le pouvoir législatif, Sénat et Chambre des députés ; ici, depuis la fondation de

learning since 1253, when the newly founded Sorbonne opened its doors to students of law, medicine, botany and theology. It has a style exemplified

la Sorbonne, en 1253, s'apprennent le droit et la médecine, la théologie et la botanique. On y trouve plus d'éditeurs et

in the fact that there are more publishers and bookshops than jewellers and fashion houses, and more cosy bistrots than grand restaurants. Perhaps most

de librairies que de joailliers ou de maisons de couture, moins de grands restaurants que de petits bistrots. Mais on

important of all, it has history stretching back to antiquity, to a time when Paris was known as Lutetia. **Left Bank**

n'oubliera pas qu'y subsistent les vestiges les plus importants d'un Paris qui se nommait alors Lutèce.

42 **44** **LES INVALIDES** [C4]. Créé par Louis XIV pour y héberger ses soldats blessés ou infirmes, l'Hôtel royal des Invalides fonctionna dès 1676, mais ne fut totalement achevé qu'en 1706. Ce magnifique ensemble de bâtiments comporte une double église, dont le chœur commun est séparé en deux depuis 1852. La première, de Libéral Bruyant, forme la chapelle des Soldats, ou Saint-Louis-des-Invalides ; la seconde, sous le dôme de Mansart, accueille le tombeau de Napoléon. Les services de la région militaire de Paris et le musée de l'Armée ont leur siège dans les bâtiments. *THE HOTEL ROYAL AT LES INVALIDES [C4]. Built by Louis XIV to house wounded and crippled soldiers, this magnificent complex of buildings first opened its doors in 1676, but was only completed in 1706. It features a double church with a shared chancel which was divided in two in 1852. The first of these, designed by Libéral Bruyant, is the chapelle des Soldats, or the chapelle de Saint-Louis-des-Invalides; the second, situated under the Mansart Dome, houses Napoleon's tomb. The offices for the military region of Paris as well as the musée de l'Armée are also housed in the complex.* **47** **LA SORBONNE : LA COUR D'HONNEUR** [D5]. La Sorbonne actuelle occupe toujours l'emplacement du premier collège de Robert de Sorbon, du milieu du XIIIᵉ siècle. La chapelle à deux façades, construite de 1635 à 1653, est la seule partie ancienne. Le reste des bâtiments date de la fin du siècle dernier. Leur principal attrait est la décoration du grand amphithéâtre, due à Puvis de Chavannes. *THE SORBONNE : THE QUADRANGLE [D5]. The modern university still occupies the original site of the thirteenth-century institution founded by Robert de Sorbon. Built between 1635 and 1653, the chapel, with its two facades, is the only surviving old building. The rest of the university dates from the end of the last century. One of its principal attractions is the main lecture theatre which features murals by Puvis de Chavannes.* **48** Le voisinage du **THÉÂTRE DE L'ODÉON** [D5] (érigé en 1782 et reconstruit après un incendie en 1819) et du palais du Luxembourg n'est pas dû au hasard. Louis XVI choisit l'emplacement pour que son frère, le comte de Provence (futur Louis XVIII), qui habitait le palais, se rende aisément au théâtre et pour que les spectateurs puissent se promener dans les jardins pendant les entractes. *The proximity of THE ODEON THEATRE [D5] (built in 1782 and rebuilt after a fire in 1819) and the Luxembourg Palace is not a matter of chance. Louis XVI chose the site so that his brother, the Count of Provence (and future Louis XVIII) who lived in the Palace, could easily get to the Theatre and so that the spectators could walk in the gardens during the intermissions.* **52** **L'ÉCOLE DE MÉDECINE** [C5]. Grâce à la photographie aérienne, on distingue aisément les deux séries de bâtiments qui composent cet important ensemble. Au centre, l'ancienne Académie royale de chirurgie de 1774, avec sa belle cour et son péristyle. Tout autour, les extensions construites entre 1878 et 1900 par l'architecte Ginain. *THE MEDICAL SCHOOL. [J8] From the air, it's easy to distinguish between the two developments which make up today's Medical School. The original 1774 Royal Academy of Surgeons with its fine peristyle occupies the centre of the complex, while*

the surrounding extensions, by architect P-. R-.L. Ginian, were added between 1878 and 1900. **54** **LE VAL-DE-GRÂCE : COUR INTÉRIEURE** [D5]. Construit par Anne d'Autriche à l'usage de couvent de 1624 à 1667, le Val-de-Grâce est aujourd'hui un hôpital militaire. Ce bel ensemble, pratiquement dans son état d'origine, marie le style français aux influences italiennes. *THE VAL-DE-GRÂCE: INNER COURTYARD [D5]. Built by Anne of Austria and used as a convent between 1624 and 1667, the Val-de-Grâce now houses a military hospital. Its fine buildings, which show a blend of the French style and Italian influences, have remained unchanged since the seventeenth century. In its extensive grounds, large gardens have now replaced a vineyard and a vegetable patch.* **58** **LA GARE D'AUSTERLITZ ET LE NOUVEAU BERCY** [D6]. La gare d'Austerlitz, reconstruite en 1867 sur l'ancien embarcadère de 1838, ouvre aujourd'hui sur les nouveaux aménagements de l'Est parisien : celui de Tolbiac avec la Très Grande Bibliothèque et, sur l'autre rive, celui de la porte de Bercy. *THE GARE D'AUSTERLITZ AND THE BERCY AREA [D6]. Rebuilt in 1867 on the site of a station which dated from 1838, the gare d'Austerlitz is situated close to two of the city's most recent large-scale construction projects: the New National Library at Tolbiac and the porte de Bercy development on the opposite bank.* **62** **LE PANTHÉON** [D6]. L'énorme église Sainte-Geneviève, dessinée par Soufflot et construite entre 1764 et 1789, est désormais le Panthéon, lieu de repos des « Grands hommes » dont tous, du reste, n'ont pas la notoriété de Victor Hugo ou de Jean Moulin. De l'intérieur d'une extrême froideur, on retiendra surtout les deux fresques de Puvis de Chavannes sur l'histoire de sainte Geneviève, la patronne de Paris. *THE PANTHEON [D6]. Designed by Soufflot and built between 1764 and 1789, the enormous Church of Sainte-Geneviève is now the official resting place of great statesmen and writers, notably Victor Hugo and Jean Moulin. Its extremely cold interior is decorated with panels by Puvis de Chavannes representing the life of Sainte-Geneviève, the patron saint of Paris.* **66** **LE BASSIN DU LUXEMBOURG** [D5]. Les guides de Paris ne parlent guère du grand bassin, pourtant l'un des principaux attraits de ce lieu aux charmes variés. Mais les guides sont rédigés par les « grandes personnes » et le bassin est le paradis des jeunes capitaines qui y font évoluer les petits voiliers, loués à l'heure, ou les maquettes minutieusement assemblées dans les chambres d'enfants. Les rires, les cris et parfois les pleurs y accompagnent les courses et les combats navals qui ne connaissent de trêve qu'à l'heure du goûter. Sans doute les sénateurs, sous la seule autorité de qui le jardin reste placé, entendent-ils ainsi encourager les vocations maritimes. *THE POND IN THE LUXEMBOURG GARDENS [D5]. Many guides to Paris focusing mainly on the entertainment of adult tourists hardly mention this large pond, which is one of the principal attractions for children in the Luxembourg Gardens. On any Sunday afternoon, it is surrounded by juvenile sea captains calmly launching rented model sailboats or shouting and wailing as their craft compete in races or founder in mock naval battles.* **70** **L'OBSERVATOIRE** [D5]. La grande sobriété de

l'Observatoire, achevé en 1672 sur les plans de Charles Perrault, en fait aussi la beauté. Le méridien de Paris, à 2°20'14" de celui de Greenwich, passe très précisément au milieu du bâtiment, dont les quatre faces correspondent aux quatre points cardinaux. **THE OBSERVATOIRE** [D5]. *Noted for the sober beauty of Charles Perrault's design, the Observatoire was completed in 1672. The Paris meridian cuts through the exact centre of the building, whose four sides are oriented to face the four points of the compass.* **73 LA FONDATION CARTIER** [D5]. Le bâtiment de la Fondation Cartier pour l'art contemporain (1994) est dû à Jean Nouvel, également architecte de l'Institut du monde arabe. L'Infirmerie Marie-Thérèse, créée par Chateaubriand, où l'écrivain vécut de 1822 à 1836, se trouvait à cet endroit. **THE CARTIER FOUNDATION** [D5]. *The* Fondation Cartier pour l'art contemporain *was designed by the architect of the Institut du monde arabe, Jean Nouvel, and completed in 1994. It stands on the site of the Infirmerie Marie-Thérèse, which was built by the writer François-Auguste-René Chateaubriand.* **74 LA TOUR MONTPARNASSE** [D5]. Haute de 209 mètres, la tour Montparnasse (1983) est d'une architecture dépouillée. On a beaucoup critiqué sa position, qui barre nombre de perspectives historiques parisiennes. **THE MONTPARNASSE TOWER.** *[D5] Often criticized for its functionalist aesthetic, the 686-foot-high Montparnasse Tower (1973) is a highly visible landmark on the Parisian skyline.* **78 LE PALAIS-BOURBON (ASSEMBLÉE NATIONALE)** [C4]. La Chambre des députés occupe depuis la Révolution l'ancien hôtel de Bourbon, construit en 1723. La véritable façade du bâtiment se trouve sur la place du Palais-Bourbon ; l'autre, sur la Seine, n'est qu'une fausse façade ajoutée en 1806 pour faire pendant à celle de la Madeleine. **THE NATIONAL ASSEMBLY** [C4]. *Since the Revolution, this 1723 Bourbon mansion has been home to the Chambre des Députés house of the French parliament. The building's original facade faces onto the place du Palais-Bourbon. The facade facing onto the Seine was added in 1806 as an aesthetic complement to the église de la Madeleine situated on the opposite side of the river.* **84 85 LA TOUR EIFFEL** [C4]. Le monument le plus connu et le plus visité de Paris dut affronter, lors de sa construction pour l'Exposition de 1889, les critiques les plus féroces. La tour devait être démolie en 1910 et ne dut son salut qu'au développement de la télégraphie sans fil, pour laquelle elle constituait une antenne idéale. Elle conserve du reste un rôle très important pour la diffusion des émissions de radio et de télévision, dont les antennes et les paraboles rehaussent sa hauteur originelle d'une bonne vingtaine de mètres. **THE TOP OF THE EIFFEL TOWER** [C4]. *The best known and the most visited of all the Parisian monuments was the subject of fierce criticism when it was built for the 1889 World's Fair. The tower was supposed to have been destroyed in 1910, but was saved by the development of wireless telegraphy, for which it was ideally suited as an aerial. It continues to play an important role in the broadcasting of television and radio signals, and 66 feet have been added to its height by a plethora of different types of aerials.*

L'église Saint-Sulpice [C5]. L'église Saint-Sulpice (achevée en 1745) a été souvent critiquée pour l'absence d'unité de son architecture (la tour du sud, par exemple, n'a jamais été achevée), mais son esthétique n'a aucun rapport avec le style des objets religieux vendus dans les boutiques qui entourent l'édifice. Deux toiles de Delacroix ornent l'une de ses chapelles, celle des Saints-Anges. Cette église, une des plus vastes de Paris, est aussi l'une des paroisses les plus fréquentées de la capitale. La fontaine de la place Saint-Sulpice, due au sculpteur Visconti, a été érigée en 1844. On y voit les statues de quatre grands écrivains et orateurs sacrés français : Bossuet, Fénelon, Fléchier et Massillon. **THE SAINT-SULPICE CHURCH** [C5]. *Since its completion in 1745, the eclectic architectural style of the Église Saint-Sulpice has occasionally been unfairly compared to kitsch religious souvenirs sold by some of the shops in the surrounding neighbourhood. One of its side-chapels is decorated with two enormous paintings by Delacroix. The fountain in the Place Saint-Sulpice, created by the sculptor Visconti, was erected in 1844. There are statues of four great French writers and revered orators : Bossuet, Fénelon, Fléchier and Massillon.*

AU JARDIN DES PLANTES, LE LABYRINTHE [D6]**.** Inspiré de la légende du Minotaure crétois, le labyrinthe devint, à la fin du XVIIᵉ siècle, un ornement classique de jardin. Au Moyen Âge, c'était un che-
min mystique, tracé dans les églises, et dont on trouve à Chartres un exemple célèbre. Les fidèles les
parcouraient à genoux. Assurément, celui du Jardin des plantes est de ceux que les promeneurs pré-
fèrent suivre la main dans la main… Le charme des lieux fait oublier que ces petites buttes ne furent
longtemps qu'un dépôt de détritus accumulés depuis les premières années du XIVᵉ siècle, d'où leur
nom primitif de butte ou de champ des « copeaux ». Comme celui de la plupart des éminences parisiennes, le sommet fut longtemps couronné par un moulin à vent. De là, on découvrait jusqu'aux
tours du château de Vincennes et aux belles demeures de Bercy. En 1786, on y édifia le petit pavillon
garni d'une horloge solaire compliquée dont on peut toujours lire la devise optimiste : « Je ne compte
que les heures heureuses ». Non loin, se trouvent la tombe de Daubenton, savant naturaliste, ami
et collaborateur de Buffon, et une statue de Bernardin de Saint-Pierre, chantre et philosophe pré-
romantique de la nature, à qui le jardin doit aussi beaucoup.

THE MAZE IN THE JARDIN DES PLANTES [D6]. *In the Middle Ages, mazes were drawn on the floors of cathedrals to provide a mystic path which worshippers followed on their knees. However, by the seventeenth century, they had acquired a new role as an ornamental feature in gardens, and the maze in the Jardin des Plantes, dating from this period, was designed to provide a romantic and amusing promenade. The charm of today's park has ensured that the humble past of this hilly ground has long been forgotten; for many years the area was a dumping ground, a fact recalled by its fourteenth century name, the Butte or the Champ de Copeaux (literally, the hill or field of wood chippings.) The summit of this hill, like many others in Paris, was originally the site of a windmill. The current building added in 1786 sports a complicated sundial on which it is still possible to decipher the cheery inscription, "I count only the happy times". Daubenton, the illustrious naturalist and a friend and colleague of G.-L.L. Buffon, one of the first superintendents of the gardens, is buried not far from here. The area also features a statue of Bernardin de Saint-Pierre, the writer and precursor of the romantic movement who added a zoo to the gardens in the late eighteenth century.*

Au Jardin des plantes, le Muséum d'histoire naturelle [D6]**.** Le « jardin royal des plantes médicinales », créé en 1626 par Jean Hérouard et Guy de la Brosse, médecins de Louis XIII, fut considérablement enrichi par Buffon à partir de 1739. Il devint Muséum national d'histoire naturelle en 1793, et Bernardin de Saint-Pierre, l'auteur du fameux *Paul et Virginie*, y ajouta une ménagerie. Il forme aujourd'hui un ensemble d'une très grande beauté qui rassemble des fleurs, des plantes et des arbres de tous les climats du monde. Le pavillon central date de 1770 et les deux grandes galeries de paléontologie et de zoologie, qui abritent d'inestimables collections, ont été récemment rénovées. Avant qu'on la raye de la carte, la Bièvre traversait le Jardin des plantes pour se jeter dans la Seine, à la hauteur du pont d'Austerlitz. *The Jardin des plantes : The Museum of Natural History* [D6]*. Founded by Jean Hérouard and Guy de la Brosse in 1626, the* Jardin royal des plantes médicinales *was doubled in size during the superintendace of G.-L.L. Buffon, which began in 1739. Following the opening of the Muséum National d'histoire naturelle in 1793, the novelist and naturalist Bernardin de Saint-Pierre, author of the famous* Paul et Virginie, *added a zoo. Today, the botanical gardens are home to a collection of plants and trees from all of the world's climatic regions. The main building dates from 1770 and both the paleontology and zoology buildings, which house two invaluable collections, have been recently renovated. This area used to be crossed by the course of the river Bièvre which flowed into the Seine near the Pont d'Austerlitz.*

L'HÔPITAL DE LA PITIÉ-SALPÊTRIÈRE [E6]. La construction de la Salpêtrière, sur l'emplacement d'une fabrique de poudre (d'où le nom), fut entreprise dès 1658 par Mazarin, poursuivie par Louis XIV, ce qui explique une certaine ressemblance avec les Invalides, et complétée en 1756. La Salpêtrière fut tour à tour, et parfois en même temps, une prison, un hospice et un hôpital. L'hôpital de la Pitié a été élevé, au début du XX⁰ siècle, sur une partie des terrains de la Salpêtrière proprement dite. *THE PITIÉ-SALPÊTRIÈRE HOSPITAL [E6]. Situated on the site of a gunpowder factory (from which it took its name), La Salpêtrière was commissioned by Mazarin in 1658. Work continued during the reign of Louis XIV, which explains its resemblance to les Invalides, before it was finally completed in 1756. Over the years, the building has been used as a prison, a hospice and a hospital, sometimes fulfilling two of these functions at the same time. The hôpital de la Pitié was built in the early years of this century on a part of the grounds of La Salpêtrière.*

L'ÉGLISE SAINT-GERMAIN-DES-PRÉS [C5]**.** L'église Saint-Germain-des-Prés, dont la base du clocher remonte à l'an mil, est le dernier vestige d'une célèbre abbaye démolie pendant la Révolution. Elle est le symbole et le centre d'un quartier dont le rôle intellectuel, naguère considérable, a beaucoup diminué aujourd'hui. *THE SAINT-GERMAIN-DES-PRÉS CHURCH* [C5]*. The église Saint-Germain-des-Prés is all that remains of a famous abbey which occupied this site before it was demolished during the French Revolution. The church is the centre and the symbol of a district which has played an important role in the intellectual history of the city.*

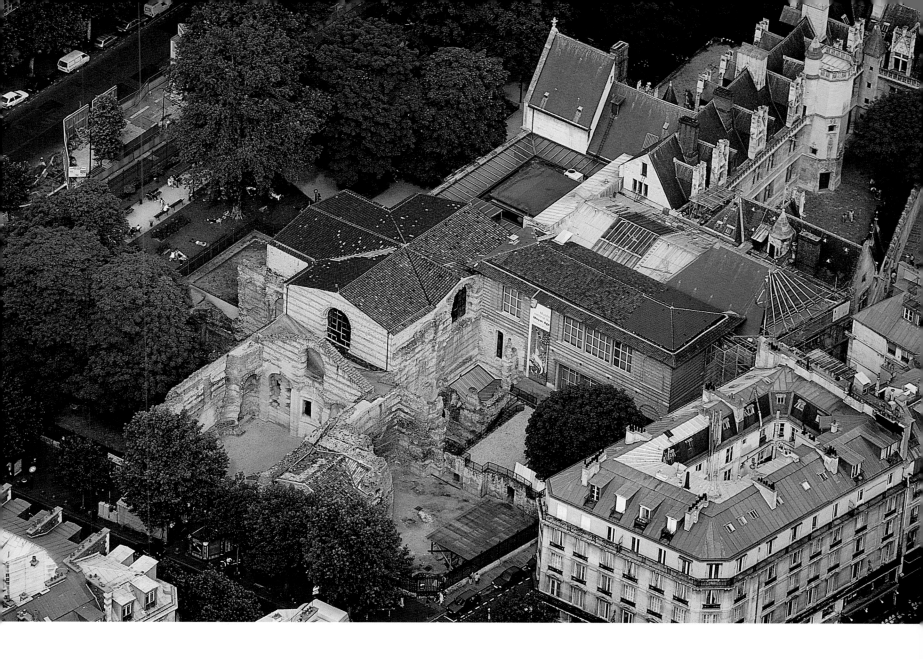

LES THERMES ET LE MUSÉE DE CLUNY [C5]. L'ancien hôtel des abbés de Cluny (fin du XVᵉ siècle) est un superbe exemple de gothique flamboyant. Il abrite depuis 1844 le musée du Moyen Âge. Du musée, on accède aux thermes gallo-romains (fin du IIᵉ siècle) qui, avec les arènes, sont les plus anciens vestiges de Lutèce. ***ROMAN THERMAL BATHS AND THE CLUNY MUSEUM*** *[C5]. Dating from the end of the fifteenth century, this mansion built by the Abbot of Cluny is a superb example of the flamboyant Gothic style. Since 1844, it has housed the* musée du Moyen Age *(the Museum of the Middle Ages). A ticket to the museum also provides access to the site of the second-century Gallo-Roman thermal baths.*

Le Sénat [D5]. Le palais du Luxembourg fut entrepris en 1615 par Salomon de Brosse pour Catherine de Médicis, qui désirait une résidence qui lui rappelât le palais Pitti de sa Florence natale. Devenu le siège du Sénat en 1800, il fut profondément transformé par Chalgrin qui dessina également l'immense jardin de 23 hectares, îlot de calme au milieu du Quartier latin, l'un des préférés des Parisiens. *THE SENATE [D5]. Work began on the palais du Luxembourg, designed in 1615 by Salomon de Brosse for Catherine de' Medici, who had demanded a palace resembling the Pitti Palace in her native Florence. In 1800, the building was taken over to house the Sénat and adapted by Chalgrin, who also laid out the 57-acre gardens which are now one of the city's best-loved parks.*

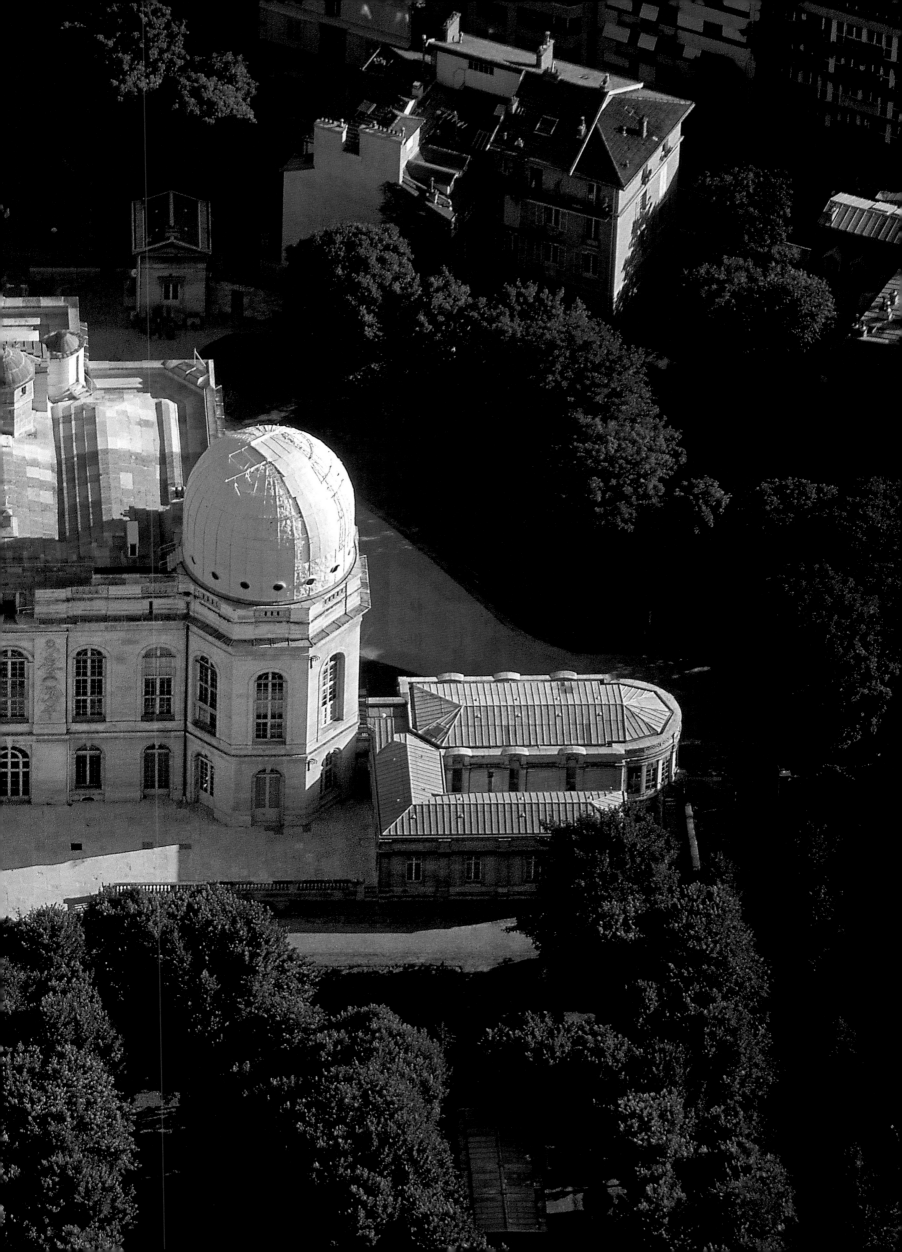

Ci-dessus : Le cimetière Montparnasse [D5]. L'ancien cimetière de la commune de Vaugirard, annexée à Paris en 1861, couvre plus d'une quinzaine d'hectares. On y trouve les tombes de très nombreux hommes illustres, de Baudelaire à Maupassant et de Littré à Jean-Paul Sartre. *The Montparnasse cemetery [D5]. This 37-acre site was originally the official cemetery for the Vaugirard region, which became part of Paris in 1861. Baudelaire, Maupassant, Littré and Jean-Paul Sartre are among the many famous people buried here.* **Ci-contre en haut :** La Cité universitaire [E5]. La Cité universitaire, créée en 1920 sur les terrains des anciennes fortifications, couvre 44 hectares et regroupe 37 fondations, françaises et étrangères. Parmi les pavillons, d'architecture très variée, on notera celui de la Suisse et celui du Brésil, dûs à Le Corbusier. *The Cité Universitaire [E5]. Since 1920, thirty-seven buildings in diverse architectural styles have been built in this 109-acre village for French and foreign students, notably the Swiss and Brazilian houses which were designed by Le Corbusier.* **Ci-contre :** Le square Max-Hymans [D5]. Ces jardins font partie des nouveaux aménagements du secteur Maine-Montparnasse, dominé par la tour de 200 mètres de haut construite en 1973. *The Square Max-Hymans [E5]. This park is one of the more recent developments in the Maine-Montparnasse area, which is dominated by the 686-foot Montparnasse tower.*

LE MARCHÉ SAINT-GERMAIN [C5]. L'actuel marché Saint-Germain, du reste profondément remanié, est le dernier vestige de la grande foire Saint-Germain qui remontait à la fin du XIIᵉ siècle. On y trouvait non seulement des marchandises de toutes sortes, mais des théâtres, des maisons de jeu et le premier établissement où, en 1672, on servit du café à Paris. ***THE MARCHÉ SAINT-GERMAIN SHOPPING CENTRE*** *[C5]. Today's marché Saint-Germain stands on the site of the Grande Foire Saint-Germain which dated back to the end of the twelfth century. A market which was reputed for its theatres and gambling houses as well as its diverse merchandise, it was also the location of the first of the city's cafés which began serving coffee in 1672.*

LE BON MARCHÉ [C5]. Fondé en 1852 par Aristide Boucicaut, c'est le plus ancien des grands magasins parisiens. Il inspira le célèbre roman d'Émile Zola, Au bonheur des dames. La charpente de fer du bâtiment a été réalisée par Gustave Eiffel en 1879, dix ans avant la Tour. *THE BON MARCHÉ DEPARTMENT STORE [C5]. Opened in 1852 by Aristide Boucicaut, Le Bon Marché is the oldest of the Parisian department stores and was the inspiration for Émile Zola's famous novel, Ladies' Delight. The iron framework of the building was designed by Gustave Eiffel in 1879, ten years before the completion of the Eiffel Tower.*

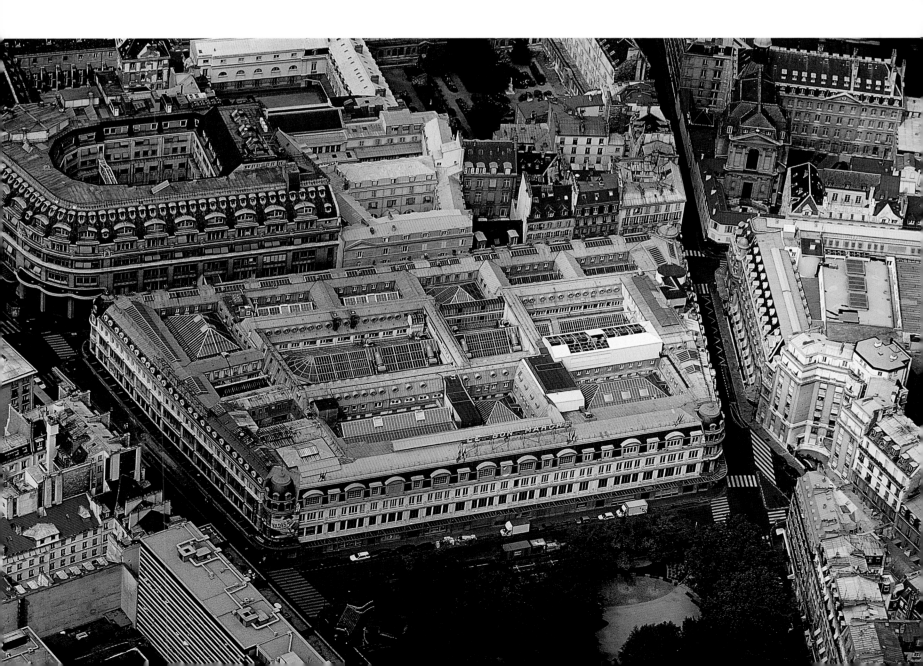

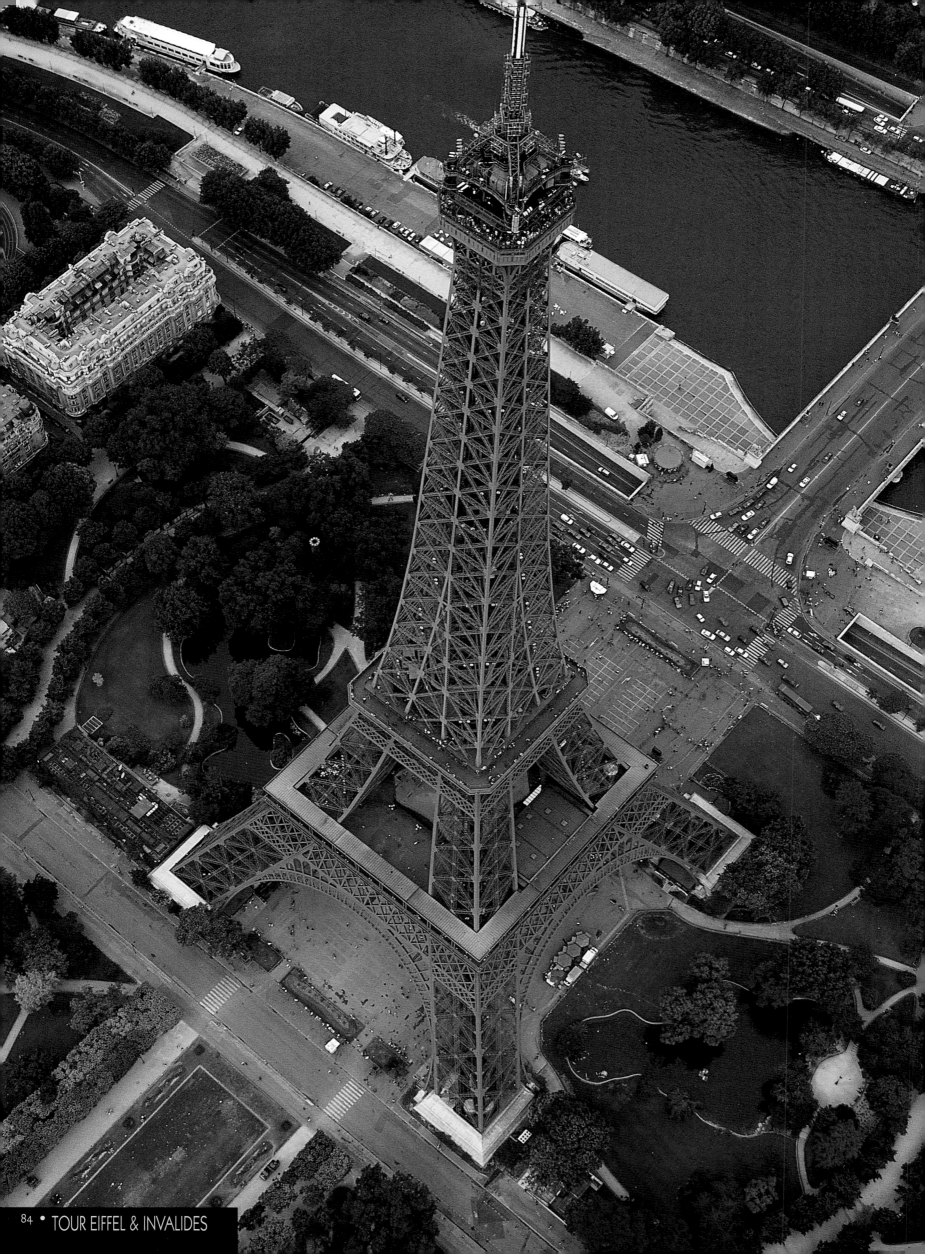

Le palais de la Légion d'honneur [C5]**.** La Chancellerie de la Légion d'honneur, de style néo-classique, occupe depuis 1804 l'hôtel du prince de Salm, construit par Pierre Rousseau en 1784. Avant la construction du quai Anatole-France, les jardins descendaient jusqu'à la Seine. L'extérieur n'a pas souffert de l'incendie du bâtiment lors des événements de la Commune, en 1871. *THE PALAIS DE LA LÉGION D'HONNEUR [C5]. For over two hundred years, the Chancellery of the Légion d'honneur has been located in the Neo-Classical hôtel du Prince de Salm, built by Pierre Rousseau in 1784. The building's facade has remained unchanged (despite a fire which occurred during the period of the Paris Commune in 1871), but its gardens were sacrificed to make way for the Quai Anatole-France.*

LE MINISTÈRE DES AFFAIRES ÉTRANGÈRES [C4]. Le ministère des Affaires étrangères, quai d'Orsay, fut édifié par Lacornée, de 1845 à 1854, sur l'emplacement d'un jardin. Les médaillons de la façade symbolisent quinze États européens. ***THE FRENCH FOREIGN OFFICE*** *[C4]. The French Foreign Office building on the quai d'Orsay was designed by Jacques Lacornée and built between 1845 and 1854 on a site previously occupied by gardens. The fifteen medallions on the facade symbolize fifteen European states.*

Ci-contre en haut : Rue Mademoiselle : une cour d'école [D4]. Ce géant insolite orne l'école Mademoiselle, dans la rue du même nom (Autran, architecte). *A School-yard in the 15ᵀᴴ arrondissement [D4]. This odd-looking giant is a feature of the école Mademoiselle, a school designed by Autran.*
Ci-contre : Le parc André-Citroën [D3]. Construit en 1992-1993 sur un site de 2 hectares précédemment occupé par les usines Citroën, c'est le seul parc de Paris qui donne directement sur la Seine. Les serres et les fontaines bordent la grande pelouse rectangulaire entourée par un canal sur ses quatre côtés. *The parc André-Citroën [D3]. Originally occupied by the Citroën factory, this five-acre site was redeveloped in 1992 and 1993. It has the distinction of being the only one of the city's parks to open directly onto the banks of the Seine. Glass houses and fountains have been built around the large rectangular lawn, which is bordered on four sides by a canal.* *Ci-dessus :* Aquaboulevard . Cette grande structure recouvre un parc aquatique, des courts de tennis et de squash et divers équipements sportifs. *Aquaboulevard. This imposing building houses a number of swimming pools, tennis and squash courts, a gym and other sports facilities.*

Rive droite. Ces quatre arrondissements n'occupent pas toute la rive droite de la Seine, mais l'usage a

Situated on the right bank of the Seine, along with the old city and the proletarian North-East, the elegant property developments which make up much

donné un sens particulier à cette expression, qui tient ici moins à la géographie qu'à l'histoire et à la vie sociale.

of these four arrondissements have added a connotation of exclusiveness to the expression Rive droite. Considerably more recent than the buildings of old

La plupart des sites et des édifices remarquables de ce secteur ne remontent guère à avant le règne de Louis XV. Le quar-

Paris, most of them date from the reign of Louis XV or later. Just north of the Grands Boulevards, Nouvelle Athènes was built at the time of the

tier de la Nouvelle Athènes date de la Restauration, la plaine Monceau fit la fortune des promoteurs du second Empire

Restoration; the lucrative development of the Monceau plain made fortunes for Second Empire entrepreneurs while the majority of the lavish quartiers

et, dans l'ensemble, les « beaux quartiers » du XVIᵉ arrondissement sont encore plus récents. La rive droite, qui porte

of the 16th arrondissement date from the late nineteenth century or are even more recent. Most of this area, moreover, bears the mark of Baron

l'empreinte du baron Haussmann, réorganisateur de Paris entre 1853 et 1870, demeure le siège de la finance,

Haussmann's great reorganization of the city which took place between 1853 and 1870. To the south of the Triumphal Way which passes through the

des élégances et de la vie mondaine. Au-delà de la perspective triomphale des Champs-Élysées, elle se prolonge

Arc de Triomphe, it extends into the Bois de Boulogne with its luxurious restaurants, sports facilities and grand avenues. **Right Bank**

par le bois de Boulogne, avec ses grandes avenues, ses restaurants de luxe et ses terrains de sport.

90 L'« AXE TRIOMPHAL » [B4]. La position des Champs-Élysées, dans la grande enfilade qui va du rocher du zoo de Vincennes à la Grande Arche de la Défense, explique qu'en dépit de quelques tentatives pour changer de lieu on y ait déployé la plupart des grandes parades. Depuis l'entrée à Paris de l'impératrice Marie-Louise en 1810, le défilé de la victoire de 1919, celui de la Libération, le grand cortège du bicentenaire de la révolution de 1789 et, bien sûr, les traditionnels défilés du 14 juillet ont parcouru cet « axe triomphal ». *THE « TRIUMPHAL WAY » [B4]. Built along a triumphal way which now extends from Vincennes to the Grande Arche at la Défense, the Champs-Élysées has been a natural choice for most of the capital's major parades since it featured on the route taken by the Emperor's bride, Marie-Louise, when she entered the city in 1810. In this century, it has been used for the 1919 victory parade, the parade to celebrate the 1944 Liberation, the 1989 bicentennial commemoration of the Revolution and all the annual 14 July parades.* **92** **94** L'ARC DE TRIOMPHE DE L'ÉTOILE [B4]. La place Charles-de-Gaulle-Étoile se nommait déjà l'« étoile de Chaillot » en 1730. Elle commande aujourd'hui douze avenues, qui rayonnent géométriquement autour de l'Arc de Triomphe. Sous Louis XV, on songea à y placer un éléphant surmonté d'une statue du roi (!), avant que Napoléon commande à Chalgrin un arc de triomphe à la manière antique, qui ne fut achevé qu'en 1836. Le Soldat inconnu y fut inhumé en 1921. *THE ARC DE TRIOMPHE [B4]. The place Charles-de-Gaulle-Étoile takes the "Étoile" part of its name from the star-shaped layout of twelve avenues which radiate out geometrically from this roundabout situated on a levelled hill. In the 1800s, there was a plan to erect a statue of the king riding an elephant as its centrepiece, but this was superseded when Napoleon commissioned J.-F.-T. Chalgrin to design a triumphal arch in the classical style. The prestige of the arch was further enhanced when the unknown soldier was entombed here in a ceremony in 1921.* **97** LA PLACE DE LA CONCORDE [B4]. La place Louis XV n'était en 1757 qu'un terre-plein boueux quand Gabriel en fit, autour d'une statue de Louis XV, l'un des plus beaux sites de Paris. Devenue en 1792 place de la Révolution, on y guillotina plus d'un millier de personnes, dont Louis XVI, Marie-Antoinette, Danton et Robespierre. En 1795, elle prit la dénomination rassurante qui resta désormais la sienne. Louis-Philippe y fit construire les petits pavillons d'angle, édifier les statues des grandes villes de France et placer un cadeau de Méhémet-Ali : l'un des deux obélisques du temple de Ramsès III à Thèbes (XIIIᵉ siècle avant J.-C.). Après un voyage difficile, l'érection des 220 tonnes du monument, le 25 octobre 1836, fut considérée comme une prouesse technique stupéfiante. On vient d'y replacer une chape dorée semblable à celle qui recouvrait à l'origine le sommet pyramidal des obélisques. *THE PLACE DE LA CONCORDE [B4]. In 1757, the place Louis XV was little more than a muddy field when the architect Jacques-Ange Gabriel set out to transform it into one of the finest squares in the capital, worthy of the statue of Louis XV which he placed at its centre. In 1792, it was renamed the place de la Révolution and was the site of the guillotine used to execute over one thousand people, including Louis XVI, Marie-Antoinette, Robespierre and Danton. Doubtless this had some bearing on the*

choice of its current name, which dates from 1795. During the reign of Louis-Philippe, eight statues of the cities of France were added, along with a present from Muhammad Ali: one of the two obelisks from the temple of Rameses II at Thebes (1300 bc). Its transportation from Egypt had required the building of a special ship, and the raising of its 217 tons was considered a remarkable technical achievement at the time. The golden top of the obelisk has recently been regilded. **98** LE PARC MONCEAU [B4]. Le parc actuel occupe une petite moitié (9 hectares) de la « Folie de Chartres », magnifique jardin de Louis-Philippe d'Orléans (Philippe Égalité), dessiné par Thomas Blaikie — l'autre fut lotie par les promoteurs. Cette promenade bourgeoise, réaménagée en 1861, renferme, outre la rivière, le massif et les grottes de rigueur, une intéressante naumachie et une belle rotonde de Ledoux. *THE parc MONCEAU [B4]. Today's park, which dates from 1861, covers about 22 acres of a site originally occupied by the Folie de Chartres, a magnificent garden designed by Thomas Blaikie for the future Philippe Égalité in 1783. Aside from the stream, grotto and stretch of mountainous terrain typical of parks of this period, it also features a pond for the staging of mock naval battles as well as one of the city's highly ornamental tollhouses by the architect Claude Ledoux.* **100** **101** LE GRAND ET LE PETIT PALAIS [B4, C4]. Construits pour l'Exposition universelle de 1900, le Grand et le Petit Palais remplaçaient un bâtiment unique édifié en 1855 pour la première Exposition universelle : le palais de l'Industrie et des Beaux-Arts. On y admira de stupéfiantes innovations techniques, (les canons géants de M. Krupp) ; on y célébra le premier centenaire de la Révolution de 1789 ; enfin, et peut-être avant tout, le palais de l'Industrie abrita le Salon, manifestation majeure de la vie artistique à l'époque où la nouvelle peinture, de Courbet à Cézanne et de Manet à Monet, montait à l'assaut des citadelles de l'académisme. L'architecture et l'ornementation du Grand et du Petit Palais sont plus riches et plus élaborées que celles du palais de l'Industrie et constituent un véritable musée du « style 1900 ». Mais ce dernier exerçait une fascination incomparable. Situés au carrefour de deux grands axes où la circulation interdit le stationnement, le Petit et surtout le Grand Palais ont été les victimes de l'automobile. Un paradoxe, en vérité : le Grand Palais, qui accueillit le Salon de l'Auto presque dès l'origine, en fut longtemps le temple mondial. *THE GRAND PALAIS AND THE PETIT PALAIS [B4, C4]. Centre-pieces of the 1900 World's fair, the Grand Palais and the Petit Palais replaced a single pavilion: the palais de l'Industrie et des Beaux-Arts. For nearly fifty years it had housed exhibitions of epoch-making technology ; it had also featured in the centennial celebration of the 1789 Revolution; however, the palais de l'Industrie is doubtless best remembered for the influential Salon exhibitions which brought storms of controversy to the Parisian art world in this period marked by the emergence of new schools of painting represented by artists like Courbet, Cézanne, Manet and Monet. The Petit Palais and the Grand Palais are much more ornate than the palais de l'Industrie and constitute a showcase for the originality and beauty of the "1900 style". However, the diverse events organized in these two buildings have rarely equalled the historical importance of the exhibitions of the late 1800s. Situated at*

the junction of two main traffic arteries, the utility and aesthetics of the Petit Palais and especially the Grand Palais have suffered much from the city's cars. This is ironic, since for much of this century the Grand Palais which housed one of the word's major motor shows was a Mecca for the automotive industry. **106 L'ÉGLISE DE LA MADELEINE** [B5]. La Madeleine, entreprise par Napoléon sur les plans de Vignon, ne devait pas être une église, mais un temple à la gloire de la Grande Armée. Si Louis XVIII en décida autrement, l'architecture intérieure et extérieure, l'absence de croix au sommet de l'édifice (achevé en 1842) évoquent plus un temple païen qu'une église chrétienne. Le marché aux fleurs, sur le côté gauche du bâtiment, y est installé depuis les années 1830. *LA MADELEINE CHURCH [B5]. After the fall of the Empire, Louis XVIII ruled that Napoleon's unfinished project for a temple to the glory of the Grande Armée should be completed as a church. Little was done however to Christianize Pierre Vignon's classical design, and when it opened its doors in 1842, la Madeleine still had more in common with a pagan temple than it did with the majority of Christian churches. The flower market in the place de la Madeleine dates back to the 1830s.* **108 LE PALAIS DE L'ÉLYSÉE : LA COUR D'HONNEUR** [B4]. Construit en 1720, le palais de l'Élysée, ancien hôtel d'Évreux, hébergea la Pompadour avant d'être transformé en imprimerie puis en café-restaurant-dancing, loué par appartements (enfant, Alfred de Vigny y habita !), pour servir ensuite de résidence au prince Murat, à Louis Napoléon Bonaparte, aux souverains de passage et enfin, depuis 1871, aux présidents de la République. *THE ÉLYSÉE PALACE [B4]. Built in 1720, this palace was home to Louis XV's famous mistress Madame de Pompadour. It was turned into a printers, then a café-restaurant and later even rented out as apartments. In the nineteenth century, it recovered its original role as a grand residence housing such notables as Prince Murat, Louis Napoleon Bonaparte and a number of passing kings; in 1871, it became the official address of all the French President.* **110 LE FOUQUET'S, UN JOUR DE DÉFILÉ SUR LES CHAMPS-ÉLYSÉES** [B4]. Jusqu'à la Révolution, les Champs-Élysées, bordés de terrains vagues, eurent mauvaise réputation. Depuis, tous les régimes leur ont ajouté des embellissements. Depuis quelques années, de sérieux efforts ont été entrepris pour rendre son prestige à la « plus belle avenue du monde ». *Le Fouquet's*, ouvert en 1899, reste le rendez-vous des gens de cinéma, la plupart des sociétés de production ayant leur siège aux alentours. *THE TERRACE OF FOUQUET'S ON THE CHAMPS-ÉLYSÉES [B4]. Only 230 years ago, the terrain of the Champs-Élysées was considered to be unfit for either horses and pedestrians. Virtually all the governments and regimes since then, however, have sought to improve and maintain this avenue which Parisians proudly claim is "the most beautiful in the world". A well-known haunt of the French film industry, Fouquet's, which opened in 1899, draws many of its customers from production companies which have their offices in the surrounding neighbourhood.* **112 L'ÉGLISE SAINT-AUGUSTIN** [B4]. L'église Saint-Augustin (1868), de style pour le moins composite, est l'œuvre de Baltard, l'auteur des fameux pavillons des Halles – dont subsiste un exemplaire, transporté à Nogent-sur-Marne. *THE SAINT-AUGUSTIN CHURCH [B4]. The eclectically styled église Saint-Augustin (1868) was designed by Victor Baltard, architect of the famous market buildings in Les Halles which were demolished in the 1970s – all except for one example which was moved to a new site in Nogent-sur-Marne.* **113 RUE DARU, L'ÉGLISE RUSSE** [B4]. La colonie et les visiteurs russes étaient assez nombreux à Paris dans les années 1860 pour que Kouzmine et Strohm, architectes du tsar, y construisissent cette cathédrale à cinq coupoles. *THE RUSSIAN CHURCH [B4]. This five-domed Russian Orthodox church (Alexandre Nevsky Cathedral) designed by the Tsar's architect Kouzmine and by Strohm, was built in the 1860s for the capital's extensive Russian community.* **118 LE SEIZIÈME** [C3]. Avec 785 hectares, le XVIᵉ arrondissement est le deuxième de Paris et de loin le plus vaste si l'on y ajoute le bois de Boulogne (995 hectares) qui lui est rattaché. Créé en 1860, il englobe les anciens villages d'Auteuil et de Passy. C'est, sinon le plus aristocratique, du moins le plus cossu de la capitale. *THE SMART XVIᵗʰ DISTRICT [C3]. At 1940 acres the 16ᵗʰ is the capital's second largest arrondissement and by far the largest if you include the park land of the bois de Boulogne which adjoins its western border. Officially dating from 1860, it absorbed the villages of Passy and Auteil and has since acquired the reputation of being the most aristocratic or well-to-do area in the city.* **120 LE BOULEVARD SUCHET** [C2]. Il faut regarder Paris de haut pour découvrir, sur les toits proches du bois de Boulogne, un nombre surprenant de jardins suspendus et de penthouses. *ROOFTOP PATIOS ON THE BOULEVARD SUCHET [C2]. Only a view of Paris from the air can show the city's surprisingly large number of penthouses and roof-gardens.* **122 L'OPÉRA GARNIER** [B5]. La construction d'une salle d'opéra « à caractère monumental » fut décidée dès novembre 1858. Un jeune architecte, Charles Garnier, fut chargé de la construction qui nécessita d'énormes travaux de terrassement et qui coûta, au total, l'équivalent de 2 milliards de francs d'aujourd'hui. Inauguré en 1875, l'Opéra Garnier est un véritable musée des Arts et des techniques de l'époque. *THE OPÉRA GARNIER [B5]. A plan to build a major opera house was adopted in November 1858, and a young architect Charles Garnier (born in 1825) was commissioned to design the building which was to be a showcase for innovation in engineering and the decorative arts. Preparation of the site entailed an ambitious earth-moving operation, and, overall, the equivalent of two billion francs was spent on the project before the Opéra Garnier was officially opened in 1875.* **126 JOUR DE MATCH à ROLAND-GARROS** [D2]. Au mois de juin, les courts de Roland-Garros sont la Mecque des fanatiques de tennis. *THE CENTRE COURT AT ROLAND-GARROS [D2]. In June, tennis fans flock to see the French Open Championships which are played on the clay courts of Roland-Garros.* **130 LA MAISON DE LA RADIO** [C3]. Construite par Henry Bernard en 1962, la Maison de la Radio est sans doute le seul édifice moderne dont l'esthétique n'a guère suscité de critiques. Elle occupe à peu près la place du château où le financier La Popelinière recevait, au milieu du XVIIIᵉ siècle, les meilleurs musiciens et les femmes les plus aimables de Paris. *RADIO FRANCE BROADCASTING HOUSE [C3]. Built by Henry Bernard in 1962, it is the only modern building in the capital which did not provoke a storm of criticism on its completion. Its site was originally occupied by the chateau were the eighteenth-century financier La Popelinière played host to talented musicians and the most admired women in Paris.*

LE GRAND ET LE PETIT PALAIS [B4, C4]. Construit pour l'Exposition de 1900 par une équipe dirigée par Charles Girault, le Grand Palais, énorme bâtiment de 240 mètres de façade, a accueilli les manifestations les plus diverses, concerts, concours hippiques ou salons professionnels. En face, le Petit Palais, de la même époque et du même architecte, offre une façade plus réduite (130 mètres) et nettement plus séduisante.

THE GRAND PALAIS AND THE PETIT PALAIS *[B4, C4]. Designed for the World's Fair of 1900 by a team of architects directed by Charles Girault, this enormous 263 yard long building is used for a huge variety of events; from concerts and exhibitions to horse-shows and trade-fairs. Girault was also the architect of the neighbouring Petit Palais which dates from the same period; a much smaller and better proportioned building with a facade measuring 142 yards.*

LE TROCADÉRO [C3, C4]. L'actuel palais du Trocadéro (ou palais de Chaillot) fut construit pour l'Exposition universelle de 1937 – la dernière qui se tint en France. Il utilise une partie de la structure du précédent palais, édifié pour l'Exposition de 1878. Des pensées de Paul Valéry, sculptées sur les murs extérieurs, incitent le passant à la réflexion. Il abrite plusieurs musées, notamment le musée de l'Homme. *THE TROCADÉRO PALACE [C3, C4]. Built in 1937 for the most recent of the World's Fairs to be held in Paris, the palais du Trocadéro (also known as the Palais du Chaillot) made use of an existing structure which had been erected for another World's Fair fifty-nine years earlier. The building houses several museums, notably the musée de l'Homme, and is also noted for the quotes from Paul Valéry carved on its exterior walls.*

LA VILLA MONTMORENCY [C3]. Les chemins de ce charmant hameau — strictement privé — suivent toujours le tracé de ceux du domaine de Boufflers, qui en occupait naguère l'emplacement. André Gide y a habité. ***THE VILLA MONTMORENCY*** *[C3]. The charming streets of this strictly private village of over eighty villas have been home to such celebrities as André Gide, Sarah Bernhardt, Victor Hugo and Henri Bergson.*

LE PARC DES PRINCES [D2]. Le stade-vélodrome du parc des Princes, ouvert en 1897, a été complètement reconstruit en 1972. Il peut accueillir 45 000 spectateurs. ***THE PARC DES PRINCES WITH PARIS IN THE BACKGROUND*** *[D2].The Parc des Princes football and cycling stadium was opened in 1897 and completely renovated in 1972. It can accommodate up to 45, 000 spectators.*

LA PORTE MAILLOT [B3]. Depuis vingt-cinq ans, le boulevard périphérique, la construction du palais des Congrès et de plusieurs grands hôtels, le réaménagement de la place, ont complètement transformé la porte Maillot, devenue, avec la construction de la Défense, la plus importante de la capitale. ***THE PORTE MAILLOT*** *[B3]. Over the last 25 years, this area has been transformed by major public works programmes, including the construction of a new ring-road, the building of the Palais des Congrès and several large hotels, and the redevelopment of the porte Maillot itself.*

LE BOIS DE BOULOGNE : RACING CLUB [B2, C2]. Comme la plupart des parcs de Paris, le bois de Boulogne (846 hectares) fut aménagé par Napoléon III. Ses splendeurs sont multiples et diverses : on peut y pratiquer presque tous les sports, monter à cheval ou jouer aux courses, admirer le château de Bagatelle et la magnifique roseraie, dîner sous les ombrages, conter fleurette sous les saules pleureurs... *THE BOIS DE BOULOGNE RACECOURSE [B2, C2]. Like most Parisian parks, most of the 2,100-acre bois de Boulogne was laid out by Napoleon III. It has facilities for all types of sports, including horseback riding and horse racing, as well as such romantic amenities as a lake with islands, a beautiful chateau, a magnificent rose-garden, luxurious restaurants and innumerable weeping willows.*

AU BOIS DE BOULOGNE : BATEAUX SUR LE LAC [B2, C2]**.** Napoléon III voulait pour son bois de Boulogne une rivière plus pittoresque encore que la Serpentine de Hyde Park, mais l'ingénieur Alphand ne parvint à y aménager que quelques mares et deux beaux lacs. Sur le lac Inférieur, les couples canotent à la belle saison, enfin seuls sur ce minuscule océan. *BOATS ON THE LAC DE BOULOGNE* [B2, C2]. *Engineer Jean-Charles Alphand's brief for an ornamental waterway to rival the Serpentine in London's Hyde park proved unfeasible however, in keeping with the spirit of the Emperor's instructions he redeveloped two charming lakes and a number of small ponds. Despite its modest size, the lake in the bois de Boulogne is a popular rendez-vous for couples who go boating there during the summer months.*

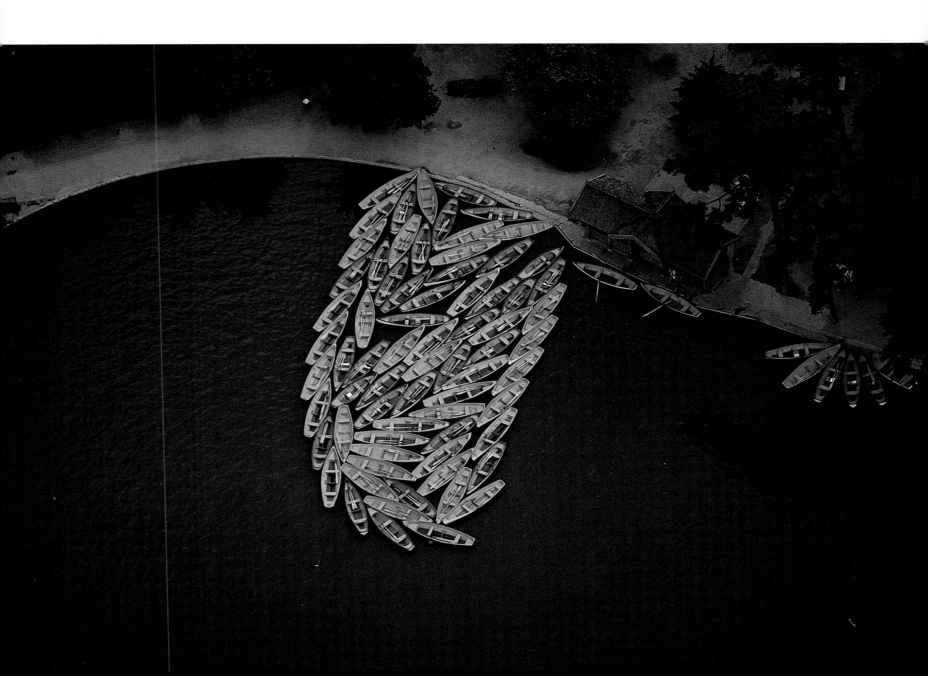

Paris populaire.

En quelques décennies, les différences sociales entre les divers secteurs de Paris ont beau-

In the last few decades, the class differences which used to define different districts of Paris have become much less pronounced, and an address in a particular neigh-

coup diminué : l'adresse ne permet plus de situer quelqu'un sur l'échelle du pouvoir, du savoir ou de la fortune. Le quart

bourhood is no longer an infallible indicator of socio-economic status. Nonetheless, the north-eastern quarter of the city still retains much of its working class charac-

nord-est demeure néanmoins la partie plus populaire de la capitale. Souvent construits sur des terrains accidentés, com-

ter. Built, to large extent, on hilly terrain, some of which was only added to the capital in 1861, the diverse quartiers of this area have an individual charm which

posés en partie de villages rattachés à Paris en 1861, les quartiers y gardent une individualité plus marquée qu'ailleurs.

distinguishes them from the rest of the city. Though lacking the rich store of prestigious monuments which characterize the rest of the capital but with many picturesque

Moins riche de monuments prestigieux, mais abondant en sites pittoresques, ce Paris populaire pesa très lourd dans l'his-

places, north-eastern Paris has played an important role in French art and politics over the centuries. The French Revolution was launched from the Faubourg Saint-

toire politique et intellectuelle de la France. La révolution de 1789 partit du faubourg Saint-Antoine, la Commune com-

Antoine, and the last battle of the Paris Commune, which had begun on the slopes of Montmartre, was fought in the Père Lachaise cemetery. Montmartre also has the

mença de gronder à Montmartre et ses derniers défenseurs furent écrasés à Ménilmontant. C'est aussi sur les pentes de la

distinction of being the birthplace of the artistic movements of Impressionism and Cubism. **Working Class Paris**

Butte qu'à la fin du siècle dernier impressionnistes et cubistes renouvelèrent notre idée de la peinture.

132 À MONTMARTRE, LA PLACE DU TERTRE [A5]. Contrairement à tant de rues de la Butte, la place du Tertre, haut lieu du tourisme de masse, n'a guère été marquée par la petite ou la grande histoire de Montmartre. Avant les restaurants qui l'occupent aujourd'hui, on ne peut guère y signaler que la potence, un télégraphe aérien et un arbre de la liberté. *THE PLACE DU TERTRE [A5]. Despite its role in local and national history, the Place du Tertre remained a quiet village square until commercialism finally took over and it became something of a tourist trap. Before the opening of its many restaurants, the only features of this square were a gallows, a semaphore telegraph relay and a liberty tree.* **135** LA FOIRE DU TRÔNE. Les origines de la foire du Trône (dite aussi foire au pain d'épices) remonteraient au Xᵉ siècle. Elle se tint d'abord faubourg Saint-Antoine, puis à la Nation, place du Trône (d'ou son nom actuel), avant de se transporter sur une pelouse du bois de Vincennes, dont elle sera bientôt chassée pour un emplacement encore inconnu. *THE FOIRE DU TRÔNE. With a history dating back to the tenth century, this fair was first held in the faubourg Saint-Antoine, then at Nation, in the place du Trône (where it acquired its name), before being established at its current location by the bois de Vincennes. Doubtless, it will soon be moving again to a future venue which has yet to be announced.* **136** PLACE RHIN-ET-DANUBE, MAISONS POPULAIRES [B7]. Sur cet emplacement des anciennes carrières d'Amérique, l'abbé Lemire avait créé au tournant du siècle les premiers jardins ouvriers. Ceux-ci ont été remplacés par une multitude de petites rues dont les alignements, du moins vus du ciel, ne manquent pas de charme. *HOUSES NEAR THE PLACE RHIN-ET-DANUBE [B7]. At the turn of the century, the Abbé Lemire divided up this area of white stone quarries, known as the American quarries, into worker's allotments which were later built up to form this charming network of narrow streets.* **138** LA PLACE DE LA NATION [D7]. Le trône dressé en 1660 pour Louis XIV, qui revenait de son sacre à Reims donna longtemps son nom à la place, qui devint place de la Nation en 1880. Les deux colonnes (1787) appartiennent à la série des monuments construits par Ledoux pour marquer les barrières de Paris et abriter les employés de l'octroi. *THE PLACE DE LA NATION [D7]. Originally known as the place du Trône, a reference to the throne set up in 1660 for Louis XVI following his coronation in Reims, it became the place de la Nation in 1880. The two columns (1787) belonged to one of a series of extravagant city gate toll-houses designed by Claude-Nicolas Ledoux to house the offices of the octroi tax collectors.* **140** LA GARE DE LYON [D7]. Cette cathédrale des chemins de fer, dans le style néo-Renaissance, surmontée d'un « campanile » de 64 mètres de haut, remplaça en 1902 le vieil embarcadère de 1851. Les décorations du restaurant *Le Train bleu* sont un chef-d'œuvre du genre. Depuis quelques années, la gare et son entourage font l'objet d'une grande opération de modernisation. *THE GARE DE LYON [D7]. A monument to the great era of railways, the current gare de Lyon, with its 210-foot-high clock tower, dates from 1902. The interior of the station's Train Bleu restaurant, widely noted for its sumptuous decor, has long been recognized as a masterpiece of the Neo-Renaissance style. In recent years, a major programme of public works has been undertaken to modernize the station and the surrounding area.* **142** LA PLACE DE LA RÉPUBLIQUE [B6]. Ainsi dénommée depuis 1879, l'ancienne place du Château-d'Eau fut toujours un carrefour important. La grande statue de Dalou y est installée depuis 1883. La place de la République est le lieu de rassemblement traditionnel des grandes manifestations populaires. *THE PLACE DE LA RÉPUBLIQUE [B6]. Originally known as the place du Château-d'Eau, the place de la République, which was given its current name in 1879, has always been a busy cross-roads and a traditional assembly point for political demonstrations. The large Dalou sculpture at its centre dates from 1883.* **144** PLACE DE LA BASTILLE, L'OPÉRA BASTILLE [C6]. L'Opéra Bastille, œuvre de Carlos Ott, a été édifié entre 1985 et 1989 sur l'emplacement d'une ancienne gare. Son architecture, sa conception et jusqu'à son utilité même ont suscité d'ardentes polémiques. Capable de recevoir 2 700 spectateurs, il se prête cependant bien aux « grandes machines », parfois à l'étroit sur la scène de l'Opéra Garnier. *THE OPÉRA BASTILLE [C6]. Designed by Carlos Ott and built between 1985 and 1989, the architecture, location and even the public utility of the Bastille Opera House have been the subject of a great deal of controversy. Nonetheless, the 2700 seater theatre features a larger capacity and a stage which is better adapted to accommodate modern set moving machinery than the smaller Opéra Garnier.* **145** PLACE DE LA BASTILLE , LA COLONNE DE JUILLET [C6]. La colonne érigée en 1834 pour commémorer la révolution de juillet 1830 porte les noms des 504 personnes tuées lors de ces journées. Au sommet, le Génie de la Liberté tient d'une main la chaîne brisée du despotisme et de l'autre le flambeau de la civilisation. L'ancienne forteresse, détruite lors de la révolution de 1789, se trouvait à une centaine de mètres à l'ouest du centre de la place dont l'architecture passe-partout du nouvel Opéra n'a guère modifié l'esthétique. *THE PLACE DE LA BASTILLE : THE JULY COLUMN [C6]. Erected in 1834, the column is inscribed with the names of 504 citizens who lost their lives in the revolution of July 1830. At its summit, Liberty holds the broken chain of despotism in one hand while raising the flame of civilization with the other. The old fortress, destroyed during the French Revolution, was located about 100 yards west of the centre of the modern day place de la Bastille which, despite the building of a new opera house, has retained much of its original character.* **146** L'HÔPITAL SAINT-LOUIS [B6]. L'hôpital Saint-Louis, le plus ancien de Paris, fut construit par Henri IV en 1607 pour accueillir les victimes des épidémies, le site se trouvant alors en dehors de la ville. En 1808, il fut le premier bâtiment parisien éclairé au gaz. *THE HÔPITAL SAINT-LOUIS [B6]. The oldest hospital in Paris, dating from 1607, it was built by Henry IV to provide care for the victims of epidemics on a site which, at the time, was outside the city walls. In 1808, it became the first Parisian building to be lit by gaslight.* **148** À MONTMARTRE, LA BASILIQUE DU SACRÉ-CŒUR [A5]. Il fallut près de quarante ans, de 1876 à 1912, pour achever le Sacré-Cœur, énorme pâtisserie romano-byzantine due à Paul Abadie. Si son esthétique ostentatoire reste toujours très critiquée, elle fait maintenant

PLACE RHIN-ET-DANUBE A HOUSING DEVELOPMENT

partie, comme la tour Eiffel ou l'Arc de Triomphe de l'Étoile, du paysage parisien. ***THE SACRÉ-CŒUR BASILICA*** [A5]. *Begun in 1876, Paul Abadie's Byzantine basilica took 40 years to complete. Though often criticized for its ostentatious wedding cake aesthetic, like the Eiffel Tower and the Arc de Triomphe, the Sacré Cœur has now become an accepted part of the Parisian landscape.* **149** **SAINT-JEAN DE MONTMARTRE** [A5]. Sur la place des Abbesses, l'église Saint-Jean de Montmartre, achevée en 1904, la première en béton armé, fut construite par Baudot, élève de Viollet-le-Duc, qui conjugua le néo-gothique et l'Art nouveau. ***THE CHURCH OF SAINT-JEAN DE MONTMARTRE*** [A5]. *Baudot's design for this church, completed in 1904, is remarkable for its use of reinforced concrete and its mixture of Art Nouveau and Neo-Gothic styles.* **150** **À MONTMARTRE, LA VIGNE** [A5]. Depuis le haut Moyen Âge, les vignes abondaient à Montmartre et on les appréciait d'autant plus que, situées en dehors des limites de l'octroi, leur vin n'était pas grevé de taxes. Avec l'évolution du goût, elles disparurent pratiquement au début de ce siècle mais, pour maintenir la tradition, on planta ici, en 1933, 3 250 plants de thomery et de morgon dont la vendange donne lieu, chaque année, à de grandes fêtes. ***VINES IN MONTMATRE*** [A5]. *Vines have been grown on the slopes of Montmartre since the early Middle Ages, and in the past the wine they produced was extremely popular. However, by the beginning of this century, tastes had changed and the hill's vineyards had all but disappeared. In 1933, an attempt was made to preserve a dying tradition when 3,250 Thomery and Morgon vines were planted, and nowadays, public festivities accompany the annual grape harvest.* **152** **LES BUTTES-CHAUMONT** [A7]. Exploitées depuis le XVIe siècle comme carrières à plâtre, les Buttes-Chaumont étaient réduites à un réseau de fondrières mal famées quand Napoléon III décida de les réhabiliter. Inaugurées en 1867, elles forment désormais un magnifique parc de 27 hectares avec grotte, cascade, lac, ruisseaux, montagne miniature, pont suspendu et (faux) temple antique. ***THE BUTTES-CHAUMONT PARK*** [A7]. *The Buttes-Chaumont had been heavily quarried for gypsum for over 250 years and its ter-*

rain was considered unsafe when Napoleon III decided to have it redeveloped as a park. Officially opened in 1867, the rejuvenated 67-acre site featured a grotto, a waterfall, a lake, streams, a miniature mountain, a suspension bridge and a (fake) Roman temple. **153** **À MÉNILMONTANT, NOTRE-DAME-DE-LA-CROIX** [B7]. Achevée en 1880 sur les plans de Héret, Notre-Dame-de-la-Croix est l'église paroissiale de Ménilmontant. Elle s'ouvre sur un énorme escalier, rendu nécessaire par le terrain en pente, et son clocher de 78 mètres est un des plus hauts de Paris. La petite place devant l'église porte le nom de Maurice Chevalier, enfant de « Ménilmuche ». ***THE 20TH arrondissement : THE CHURCH OF NOTRE-DAME-DE-LA-CROIX*** [B7]. *This parish church for the Ménilmontant area was designed by Héret and completed in 1880. It opens onto an enormous flight of steps which was made necessary by the steep terrain, and its 250-foot steeple is one of the highest in Paris. The little square in front of the church is named after Maurice Chevalier, a national star who grew up in the neighbourhood.* **154** **LE CRÉMATORIUM DU CIMETIÈRE DU PÈRE-LACHAISE** [C7]. On ne compte pas les célébrités inhumées ou transférées au Père-Lachaise. Le cimetière fut établi en 1804 sur l'emplacement de la maison du confesseur de Louis XIV, le père François de la Chaise-d'Aix. On y trouve, parmi tant d'autres, Héloïse et Abélard, Molière et La Fontaine, Rossini et Delacroix, Musset et Nerval, Balzac et Chopin, Oscar Wilde et le chanteur Jim Morrisson, ainsi que des milliers d'inconnus dont les tombeaux, superbes ou dérisoires, touchants ou prétentieux, constituent un extraordinaire musée de l'art funéraire. ***THE PÈRE-LACHAISE CEMETERY*** [C7]. *Established in 1804, on the site of a house which belonged to Louis XVI's confessor, Père François de la Chaise-d'Aix, the cemetery has become the final resting place of innumerable celebrities : Héloïse, Abélard, Molière, La Fontaine, Rossini, Delacroix, Musset, Nerval, Balzac, Chopin, Oscar Wilde and Jim Morrisson, to name but a few. Over the centuries, the widely diverse styles of their tombs and headstones along with those belonging to thousands of ordinary people have made this necropolis an open air museum of funerary art.*

PLACE STALINGRAD, LA ROTONDE DE LEDOUX [A7]. Comme les colonnes du Trône, ce superbe bâtiment néopalladien de Claude Nicolas Ledoux, édifié en 1789, marquait l'une des 35 barrières d'octroi ouvertes dans le mur des Fermiers-Généraux qui encerclait Paris. Restauré, il héberge aujourd'hui les archives et des collections de la commission du Vieux Paris. *ON THE PLACE STALINGRAD, THE ROTONDE DE LA VILLETTE [A7]. Like the two columns at Nation, this superb Neo-Palladian building by Claude-Nicolas Ledoux, which dates from 1789, was originally one of the 35 toll offices which were a feature of the Fermiers-Généraux wall which surrounded the city. Now restored, it currently houses the archives of the Vieux Paris historical commission.*

RUE MARCADET, UN ENSEMBLE GÉOMÉTRIQUE [A5]. Ce curieux ensemble d'habitations s'inscrit dans un quadrilatère formé par les rues Marcadet, Ordener, Clignancourt et Ferdinand-Flocon, que traversent en diagonale les rues Eugène-Sue et Simart. Il occupe une grande partie du domaine du conseiller du roi Labat, qui s'y était fait construire un hôtel en 1663. *BUILDINGS ON THE RUE MARCADET [A5]. This peculiar layout of buildings is bounded on four sides by the rue Marcadet, the rue Ordener, the rue de Clignancourt and the rue Ferdinand-Flocon. The streets which cross at its centre are the rue Simart and the rue Eugène-Sue. This area originally belonged to the King's adviser Labat, who built a house here in 1663.*

Paris d'aujourd'hui.

Au début des années 1960, Paris n'avait guère changé depuis la Première Guerre

In the early 1960s, Paris remained virtually unchanged since the end of World War I, and its population, continually drawn to the ever-

mondiale et sa population, happée par une banlieue toujours plus étendue, ne cessait de diminuer. Puis, issues de la néces-

growing suburbs, was falling steadily. In an attempt to reverse this trend, facilitated by a prosperous economic climate and the personal vani-

sité ou favorisées par la prospérité, soutenues par des hommes politiques soucieux de laisser leur nom dans la pierre, les

ty of some politicians anxious for an opportunity to leave their mark on the nation's capital, an ambitious public works programme was

innovations se multiplièrent : nouveau quartier de la Défense (sur les communes de Puteaux, de Courbevoie et de

undertaken : the business quarter at la Défense, the Pompidou Centre, the Bastille opera house; the redevelopment of Les Halles and the banks

Nanterre), Centre Pompidou, Opéra de la Bastille, aménagement des Halles, du front de Seine, du Grand Louvre, de la

of the Seine, the Louvre, the Porte de la Villette and the Porte de Bercy, among others. The innovative architecture and sites chosen for some

porte de la Villette, de la porte de Bercy, « Très Grande Bibliothèque », etc. Inévitablement, la conception, le lieu ou l'ar-

of these projects were and still are highly controversial. History has shown, however, that Parisians have always loved criticising new buil-

chitecture de ces projets ont suscité des résistances et des polémiques qui ne sont pas toutes encore calmées. Mais, comme

dings, while some of the city's best loved landmarks were the subject of a public outcry in their day. **Paris Today**

le montre son histoire, si l'exercice de la critique reste une spécialité locale, Paris sut toujours « digérer » les nouveautés.

158 BERCY : LE NOUVEAU BÂTIMENT DU MINISTÈRE DES FINANCES [E7]. Ce bâtiment, long de 350 mètres, en forme de viaduc dont les piliers sud-ouest plongent dans la Seine, abrite depuis 1989 les bureaux du ministère des Finances enfin chassés du palais du Louvre. Sa structure longiligne a été conçue en opposition à la masse octogonale du parc omnisports de Bercy. *THE NEW BUILDING OF THE MINISTRY OF FINANCE* [E7]*. In 1989, the Ministry of Finance offices were moved from the Louvre to this 1,148-foot-long viaduct-style building whose south-western pillars rise directly from the waters of the Seine. Its linear form was designed to complement the octagonal mass of the Omnisport Stadium.* **161 162 LA DÉFENSE, LA GRANDE ARCHE** [A2]. L'idée d'étendre l'axe triomphal de Paris vers l'ouest est très ancienne et les premiers projets sérieux d'aménagement du rond-point de la Défense (ainsi nommé en souvenir des combats du siège de 1871) remontent à 1931. Le Cnit, avec sa voûte en béton de 238 mètres de portée (un record pour l'époque), fut inauguré en 1958. Depuis, plus de 100 000 personnes travaillent dans les tours de la Défense et 30 000 y habitent. Gare, centres commerciaux, bistrots, cinémas et même musée, rien n'y manque… que les automobiles, cantonnées dans un réseau souterrain ou rejetées à la périphérie. La Grande Arche, inaugurée en 1990, couronne l'esplanade sans la fermer : la marche vers l'ouest n'est pas terminée. *LA DÉFENSE WITH PARIS IN THE BACKGROUND* [A2]*. The idea of extending the Parisian « Triumphal Way » to the west is quite an old one, the first projects for the redevelopment of la Défense dating back to 1931. The Cnit building with its concrete vault spanning 780 feet (a record for the period) was officially opened in 1958. Since then, more than 100,000 people have come to work in the skyscrapers of la Défense. With 30,000 residents, multiple rail links, shopping centres, restaurants and a car-free environment thanks to a system of underground roads and parking areas, nothing seems to be missing from this fully autonomous neighbourhood which is now dominated by the Grande Arche, completed in 1990.* **166 LA BIBLIOTHÈQUE NATIONALE DE FRANCE** [E7]. Les quatre grandes tours en forme de livre ouvert de la nouvelle Bibliothèque nationale, œuvre de Dominique Perrault, sont situées sur un vaste plateau de 7 hectares pris sur une ancienne gare de marchandises. Dans les locaux très confortables, inaugurés en 1995, 3 600 lecteurs peuvent consulter quelque 12 millions de livres (auxquels s'ajoutent de nombreux documents audiovisuels). La « vieille BN » de la rue de Richelieu, dont les origines remontent au cardinal Mazarin, n'est pas abandonnée pour autant.

Elle continue d'abriter, entre autres, les manuscrits, 15 millions d'estampes ou de photographies et un million de cartes géographiques. *THE BIBLIOTHÈQUE NATIONALE DE FRANCE* [E7]*. Modelled on open books, the four towers of the new national library are situated at the four corners of a 17-acre complex designed by Dominique Perrault and built on the site of the old freight train station bordering the quai François-Mauriac. With facilities to comfortably accommodate 3,600 readers and store 12 million books, as well as an extensive collection of audio-visual materials, it was officially inaugurated by François Mitterrand in 1995. Much of the catalogue was taken from the old national library in the rue de Richelieu, which has not been closed and continues to house important manuscript, stamp and photography collections.* **172 AU PARC DE LA VILLETTE, LA GÉODE.** La Cité des Sciences du parc de la Villette est l'œuvre de Fainsilber, tout comme la Géode voisine. Cette dernière est une salle de cinéma sphérique de 36 mètres de diamètre qui permet des effets sonores et spatiaux stupéfiants. Elle est recouverte de 6 433 plaques d'acier poli. *THE GÉODE AT THE CITÉ DES SCIENCES IN LA VILLETTE. Still in the parc de la Villette but on the other side of the Ourq canal which cuts across it, the Géode was designed by Fainsilber, who was also the architect for the nearby Cité des Sciences. This spherical cinema, some 118 feet in diameter, is covered with 6,433 polished steel plates. Inside, special 70 mm films with sensational visual and audio effects are shown on a 10,765-square-foot concave screen.* **176 LE STADE DE FRANCE.** Le Stade de France est le plus récent des grands édifices parisiens. Achevé en temps voulu pour la Coupe du monde de football de 1998, il se distingue par son toit en ellipse qui couvre une superficie de 6 hectares. Véritable collection d'innovations technologiques, sa configuration variable lui permet d'accueillir de 75 000 à 105 000 spectateurs. *THE STADE DE FRANCE* [J8]*. This enormous stadium built for the 1998 football world cup is the most recent of the major Parisian public works projects. Its elliptical roof covers an area of almost 15 acres and its high-tech interior can be adapted to accommodate crowds of between 75,000 and 105,000 spectators.* **178 180 ROISSY-CHARLES DE GAULLE.** Le complexe de l'aéroport de Roissy-Charles-de-Gaulle, commencé en 1974 et sans cesse agrandi, est le deuxième d'Europe avec 32 millions de voyageurs par an. *ROISSY-CHARLES-DE-GAULLE AIRPORT. Enlarged several times since 1974, the Charles-de-Gaulle airport complex is now Europe's second busiest with 32 million air passengers per year.*

LE DÔME IMAX [A1]. Presque au pied de la Grande Arche, à l'une des extrémités du centre commercial des Quatre-Temps (le plus grand d'Europe avec 250 magasins et une trentaine de restaurants), le dôme de verre du cinéma Imax apporte une exceptionnelle diversion sphérique à l'univers longiligne et angulaire de la Défense. Mais l'intérieur promet encore plus de surprises que l'extérieur. Grâce à la technique ultrasophistiquée de cette salle de « cinéma total », on peut y voir et entendre, dans toutes les dimensions de l'espace temps du XXIᵉ siècle, les odyssées les plus spectaculaires de la terre ou du cosmos. *THE IMAX CINEMA [A1]. Situated between the monumental Grand Arche and the Quatre Temps shopping complex (the largest in Europe with over 250 shops and 30 restaurants), the spherical glass exterior of this cinema offers a pleasing geometric contrast to the angular architecture of neighbouring buildings in the Défense area. It houses a high-technology concave screen cinema showing spectacular films designed to maximise vivid sensations of space and earth borne movement.*

CASCADES ET JARDINS À LA DÉFENSE [A1]. Tranchant sur l'univers minéral et utilitaire de la Défense, ces jardins et ces cascades, aire de flânerie et de plaisirs gratuits, se situent à la lisière nord de la Défense proprement dite, à l'extérieur du boulevard circulaire qui délimite le centre de l'ensemble. Le quartier associe immeubles de bureaux... et établissements scolaires. En fait, alors que la majeure partie du « XXIᵉ arrondissement de Paris », comme on a appelé la Défense, s'articule autour d'un axe est-ouest, ce secteur, qui appartient à la commune de Courbevoie, constitue une sorte de transition vers l'urbanisme traditionnel. *FOUNTAINS AND GARDENS AT LA DÉFENSE* [A1]. *A marked contrast to the inorganic and utilitarian architecture of one of the capital's major business centres, this tranquil recreation area of gardens and fountains is situated just beyond the ring-road which indicates the northern boundary of la Défense. The surrounding neighbourhood which is part of the Courbevoie municipal area features office buildings and schools and functions as a kind of transition between the high-tech environment of la Défense and a more traditional urban landscape.*

Ci-dessus : LA BIBLIOTHÈQUE NATIONALE DE FRANCE. **Ci-contre en haut :** LE CENTRE COMMERCIAL DE BERCY. **THE BERCY SHOPPING CENTER. Ci-contre en bas :** À BERCY, LE « CANYONSTRATE ». Le parvis du parc omnisports de la porte de Bercy offre une combinaison complexe, mais harmonieuse, de formes géométriques. La fontaine-sculpture de Gérard Singer évoque un canyon, d'où son nom curieux de « Canyonstrate ». **THE CANYONSTRATE AND THE BERCY STADIUM.** *The square before the Omnisport Stadium presents a felicitous combination of geometric forms and the "Canyonstrate", a fountain designed to evoke a natural canyon, by artist Gérard Singer.*

Ci-dessus : LA GRANDE HALLE DE LA VILLETTE. *THE GREAT HALL IN LA VILLETTE.* *Ci-contre en haut :* LE ZÉNITH [A7]. Dans le Parc de la Villette, le Zénith, qui peut accueillir 6 000 spectateurs, est le temple du rock… et celui, parfois, des grands meetings politiques. *THE ZÉNITH CONCERT HALL [A7]. One of the many cultural facilities in the Parc de la Villette, the 5,000 seater Zénith Concert Hall regularly features major rock concerts and occasionally provides a venue for large political rallies.* *Ci-contre en bas :* LA GÉODE.

AU PARC DE LA VILLETTE, LA CITÉ DE LA MUSIQUE [A7]. Dans le parc de la Villette, de l'autre côté du canal de l'Ourcq, qui le sépare en deux, la Cité de la Musique (1994), due à Christian de Portzamparc comporte deux bâtiments : à l'est de la place de la fontaine aux Lions, le Conservatoire national supérieur de musique de Paris et, à l'ouest, le musée des Instruments et une salle de concerts. *THE CITÉ DE LA MUSIQUE AT LA VILLETTE* [A7]. *The parc de la Villette covers a 136-acre site which belonged to the city's abattoirs until they were definitively closed in 1974. Originally designed as a cattle market, the nineteenth-century Grande Halle has been transformed into a highly adaptable five-acre concert and exhibition space.*

TABLE DES MATIÈRES

INDEX

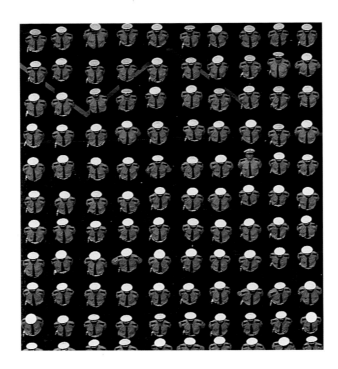

Yann Arthus-Bertrand remercie

M. Bertrand Landrieu,
Chef de cabinet de M. le Président de la République Jacques Chirac ;

M. Patrick Maugein, du CFID ;

M. Philippe Massoni, Préfet de Police,
les services de la Préfecture de Police de Paris
concernés par la concession des autorisations de survol ;

le ministère de la Défense ;
les services efficaces du SIRPA et de l'ECPA ;

le Docteur Nicole Bru
qui a fort aimablement mis son hélicoptère à ma disposition ;

Franck Arrestier et Alexandre Antunès,
pilotes de la société Montblanc Hélicoptères
avec lesquels nous avons effectué la majorité des vols ;

Antoine de Marsily et Francis Coz
de la société Héli-Union ;

mes fidèles assistants,
Françoise Jacquot, Franck Charel et Christophe Daguet ;
ainsi que toute l'équipe de *La Terre vue du Ciel - Altitude* :
Hélène de Bonis, coordinatrice de production,
Isabelle Lechenet, responsable des archives,
Florence Frutoso, documentaliste.

Les prises de vue de ce livre ont été réalisées avec du matériel Canon EOS IN. Pentax 645N et des films Fuji Velvia.
Photos distribuées par Altitude 30, rue des Favorites - 75015 Paris. Fax : 01 45 33 55 21

Crédits photographiques des illustrations
Pages de garde : © IGN-Paris 1998, autorisation n°80-8088,
p. 6 : Droits réservés, p. 8 : Photothèque Hachette, p. 9 : Bibliothèque nationale.

Responsable éditoriale
COLETTE VÉRON

Édition
BRIGITTE LEBLANC

Traduction anglaise
MARK MC GOVERN

Réalisation : L'OÏKÈMA
Direction artistique et conception graphique
FERNAND PERCIVAL assisté d'ANNA PERCIVAL
Maquette : ARIEL TERMINE

© 1998, ÉDITIONS DU CHÊNE, HACHETTE-LIVRE.
© 2000, pour la présente édition.
This edition published by
Hachette Illustrated UK
Octopus Publishing Group
2 - 4 Heron Quays, London, E14 4JP

Photogravure Offset Publicité, à La Varenne-Saint-Hilaire
Imprimé à Singapour
I.S.B.N. : 1-84430-008-0

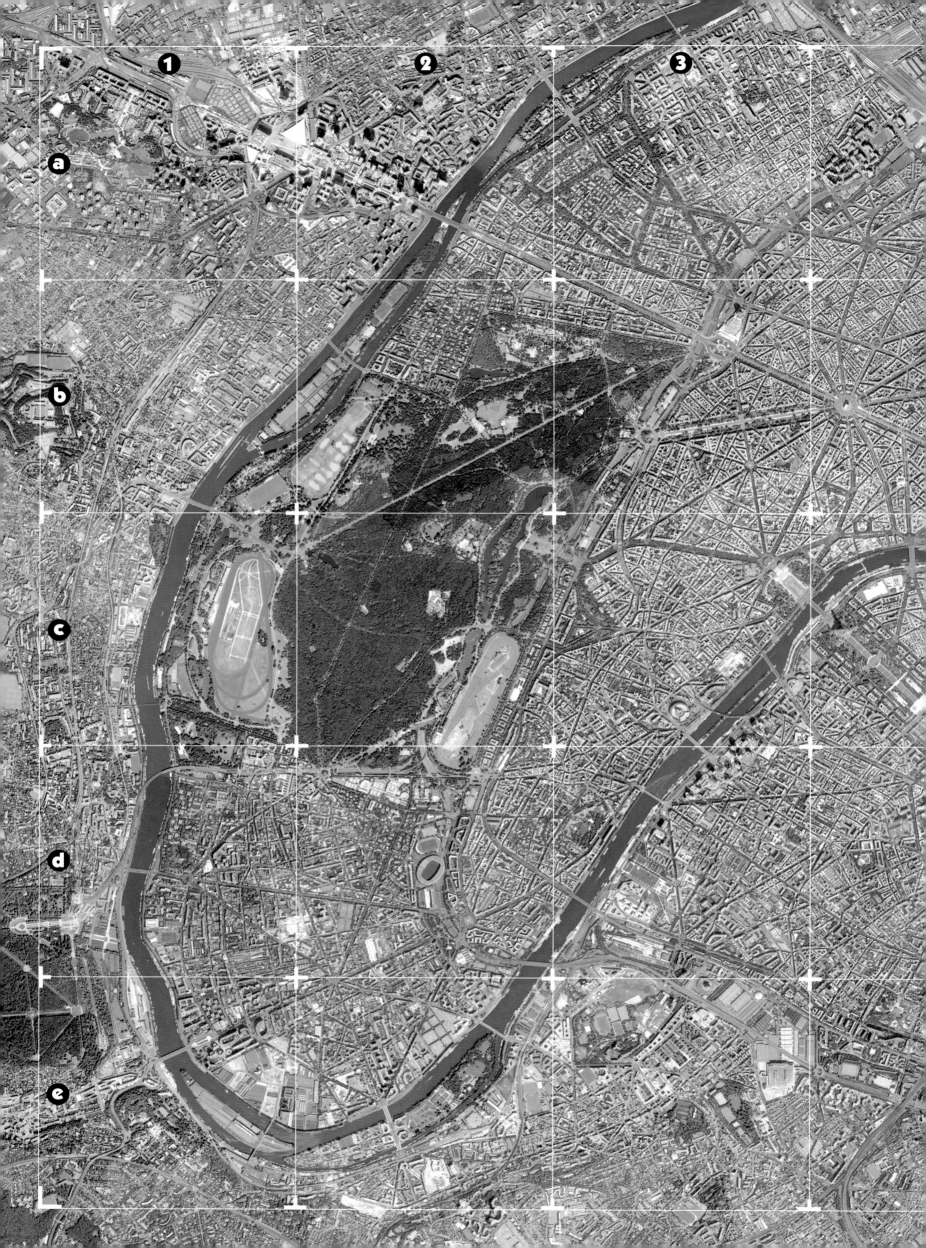